atrás do pensamento
A FILOSOFIA DE CLARICE LISPECTOR

Marcia Sá Cavalcante Schuback

atrás do pensamento
A FILOSOFIA DE CLARICE LISPECTOR

Marcia Sá Cavalcante Schuback

© Marcia Sá Cavalcante Schuback, 2022
© Bazar do Tempo, 2022

Todos os direitos reservados e protegidos pela Lei n. 9610, de 12.2.1998. Proibida a reprodução total ou parcial sem a expressa anuência da editora.

Este livro foi revisado segundo o Acordo Ortográfico da Língua Portuguesa de 1990, em vigor no Brasil desde 2009.

EDIÇÃO
Ana Cecilia Impellizieri Martins

REVISÃO
Joice Nunes

COORDENAÇÃO EDITORIAL
Meira Santana

PROJETO GRÁFICO E CAPA
Clara Meliande

COPIDESQUE
Elisa Duque

IMAGEM DA CAPA
Retrato de Clarice Lispector por Bluma Wainer, década de 1940

CIP-brasil. Catalogação na Publicação
Sindicato Nacional dos Editores de Livros, RJ

S414a

Schuback, Marcia Cavalcante
Atrás do pensamento : a filosofia de Clarice Lispector / Marcia Cavalcante Schuback. - 1. ed. - Rio de Janeiro : Bazar do Tempo, 2022.
168 p. ; 19 cm.

ISBN 978-65-84515-24-6

1. Lispector, Clarice, 1920-1977 - Crítica e interpretação. 2. Lispector, Clarice,1920-1977 - Filosofia. 3. Literatura e filosofia. I. Título.
22-80759   CDD: 801.95
                 CDU: 82:1

Meri Gleice Rodrigues de Souza - Bibliotecária - CRB-7/6439

BAZAR DO TEMPO
PRODUÇÕES E EMPREENDIMENTOS CULTURAIS LTDA.

Rua General Dionísio, 53 - Humaitá
22271-050   Rio de Janeiro - RJ
contato@bazardotempo.com.br
www.bazardotempo.com.br

AO RARO TOPÁZIO
DO AMOR INTEIRO.

NOTA PRELIMINAR	08
INTRODUÇÃO	12
ESCREVER-TE	16
ATRÁS DO PENSAMENTO	44
A CRIADORA INCONSCIÊNCIA DO MUNDO	78
FALA NA PONTA DA LÍNGUA	108
TU ME EXISTES E OS SERES EXISTEM OS OUTROS	140
SEM CONCLUSÃO	160
OBRAS DE CLARICE LISPECTOR	164

NOTA PRELIMINAR

Este livro é uma declaração de amor à existência. Fazer declarações de amor à existência é um modo de responder à clareza de um fato mais natural do que toda ideia e sensação de natureza: o fato de que há existência. O fato tão claro, mas igualmente obscuro, de que existir existe. O fato de que é assim. O fato de ser assim. A clareza desse fato bruto não se deixa substituir por nenhuma outra clareza: seja a que surge mediante esclarecimentos, seja a que se impõe por clarividências. É uma clareza que ofusca a visão, que deixa a linguagem sem palavras e o pensamento vazio de pensamentos. Olhar uma tal clareza é experiência de um espantoso abalo. O abalo de surpreender-se com o que nunca pode se dar, pois já está sempre se dando; com o que nunca pode acontecer, pois já está sempre acontecendo. A existência já está sempre existindo; assim, não pode nunca começar a existir. Obscuro é, porém, como esse fato tão claro e abrangente passa desapercebido na existência. Para dar-se conta de como esse claro é obscuro, a existência precisa abalar-se. Precisa ser tocada pelo toque infinitamente finito que ela mesma é. Precisa entrar em íntimo contato com o estar existindo. Essa precisão fala a linguagem do que é raro. Raros são os momentos em que a existência toca no seu estar existindo. São como os raros momentos de um amor inteiro. Raros são os olhos que aguentam olhar essa claridade tão clara. Pois olhar, aqui, significa ser tocado pelo que já está sempre nos tocando. Mais raras ainda são as palavras que surgem desse toque. Dentre essas raras palavras, há as que formam raros escritos e raros pensamentos do existir, espalhando a clareza desse fato sobre todos os âmbitos da existência, sempre esquecida de si mesma. Esses são tão raros como um topázio imperial. Clarice é esse topázio da escrita do pensamento. Há quem goste de chamar esses raros escritos de místicos, no sentido de mais sábios que os filosóficos, de iluminados por confundirem-se com luminárias num mundo dilacerado por múltiplas escuridões, ou de visionários, já que a partir deles se acredita poder ver mais que os outros. Não quero falar deles, nem chamá-los de raros. Quero chamar de clarice a visão rara do deslumbramento com o fato de já sempre se estar existindo. Clarice é o nome de uma clareza que surge ao não querer aclarar, clarificar, clarear o que já é tão claro: é o nome de uma clareza que se assemelha a uma declaração de amor. Nenhuma declaração, seja de guerra, seja de amor, seja de trégua, ou até mesmo de rendimentos, explica ou esclarece alguma coisa. Uma declaração declara, diz: é assim. Costuma começar declarando que vai declarar. E não apenas declara que diz e diz "é assim", mas faz do dizer "é assim" um ato, pois dizer "é assim" não diz nada, não constata nada, não sabe nada a não ser que o "é assim" é uma ação. Uma declaração de amor à existência é um dizer "é assim"; é dizer um "sim" tremendo, e somente daí se poder existir.

Quem esperar deste livro um estudo sobre as ideias filosóficas imiscuídas nas obras de Clarice Lispector, as referências filosóficas implícitas ou explícitas a filósofos ou teorias de Clarice sobre motivos eminentemente filosóficos, haverá de sentir decepção. Aqui, a intenção é diversa. Propõe uma leitura rente à escrita de Clarice enquanto escrita do pensamento no ato de pensar o estar sendo da existência. Não se trata exatamente de um estudo *sobre* a obra de Clarice Lispector e nem uma introdução ao seu universo literário. Tampouco é um livro que exige do leitor um conhecimento extenso ou especializado de sua obra. Pressupõe um leitor interessado por Clarice, que tenha sido tocado não só pela força de sua escrita, mas, sobretudo, pelo "sendo" da existência. É um livro dedicado a Clarice Lispector, que é também a sua única fonte. Escrever dedicatória a uma fonte é tarefa difícil. Não é a mesma coisa que se dedicar à obra literária de um autor, esclarecendo como seus textos se constroem, como se distinguem de outros autores, como representam uma cultura ou um tempo, ou todas as culturas e todos os tempos. Tampouco significa dedicar-se a explorar temas às vezes mais, às vezes menos recorrentes e inusitados, de modo a contribuir para a fortuna ou desfortuna crítica do autor. No caso de Clarice, há, sem dúvida, uma dificuldade de a ela se dedicar, por diversas razões: o excesso de escritos críticos e apaixonados, o culto à sua força, o deslumbre com a moda que a explora, o fetiche dos centenários que alimentam as indústrias das culturas brasileira e estrangeira para consumo interno e externo, a luta pela sua posse e o prestígio que daí possa decorrer. Mas a dificuldade é ainda maior quando se assume a discrepância dolorosa entre o escrever sobre Clarice e o escrever de Clarice. Qual é o sentido de escrever sobre o que já foi escrito e dito por Clarice, de maneira tão mais clara, bela e inteira, o que significa igualmente de forma tão obscuramente clara, cruamente bela e visceralmente inteira? Lendo-se Clarice, o desejo é citá-la e recitá-la continuamente, sublinhar todo o livro, decorar cada uma de suas frases, como se fosse possível guardar cometas na concha da mão. No entanto, é possível descobrir que tais dificuldades não são reais. Pois a dificuldade não é tanto sobre a que se dedicar com relação à obra de Clarice e nem somente como fazê-lo. Sabemos que em Clarice podem ser encontrados todos os temas da literatura, da filosofia, da vida e da morte. A dificuldade real é como ler o escrever de Clarice de modo a lhe dedicar essa leitura, entregando-a em suas mãos.

INTRODUÇÃO

O ponto de partida deve ser:
'Não sei'. O que é uma entrega total.[1]

O que verdadeiramente somos é aquilo que o impossível cria em nós.
E quem sabe, a sua seria a história de uma impossibilidade tocada.
Do modo como podia ser tocada:
quando dedos sentem no silêncio do pulso a veia.[2]

---

1   *Crônicas para jovens de escrita e vida*. Rio de Janeiro: Rocco, 2010, p. 59.
2   *A maçã no escuro*. Rio de Janeiro: Rocco, 1998, p. 318.

Este livro, por ser uma declaração de amor e uma dedicatória, segue alguns modos como Clarice vê o claro do fato bruto de a existência existir. Não para descrever ou reproduzir, muito menos para explicar ou comparar a outros modos de ver alguma coisa. Seguir a visão do claro fato de a existência existir é dar-lhe as mãos. É ver junto. É conviver nesse claro tão obscuro do estar existindo. A clareza com que Clarice vê o claro não deve ser confundida com uma filosofia, embora esteja tão próxima do que nos habituamos a chamar de filosofia, como a vida está próxima da morte a cada instante. Clarice é uma autora que provoca a filosofia. Foi logo comparada aos existencialistas, alemães como Heidegger, franceses como Sartre. Outros querem reconhecer o seu espinozismo e as linhas do pensamento judaico. Para muitos, Clarice é uma autora mística, às vezes cristã, às vezes budista ou bramânica, cabalista e macumbeira, cheia de bolas de cristal. Há também quem a veja com uma híbrida existencialista mística, só que ainda mais mística que existencialista ou romântica. É, ainda, admirada como fenomenóloga, uma filósofa das coisas voltadas para elas mesmas. Sem dúvida, jamais uma racionalista dogmática. Não obstante as aproximações com filósofos de várias tradições, e mesmo considerando as referências a filósofos que encontramos em suas obras, um Bergson aqui, um Pascal ali, para citar só alguns, a provocação filosófica da sua obra coloca, mais uma vez, uma das questões mais antigas da filosofia: a da sua relação com a poesia, o mito, a ficção, a literatura. Para muitos, Clarice é uma escritora filosófica. Ao dizer isso, porém, há quem queira "elevar" a literatura, pois de há muito a palavra "filosofia" virou carimbo de legitimação, de valor, de profundidade e exclusividade. É como se a literatura tivesse de se legitimar e se justificar perante a filosofia.

Além disso, ao se dizer que um autor é filosófico, entende-se muitas vezes que, mesmo não sendo filósofo, tem "intuições" filosóficas, que levanta e até se debruça sobre temas considerados filosóficos, como a questão do ser e do dizer; de deus e do mundo; do bem e do mal; da liberdade e da necessidade; do universal e do particular; do fundamento e da existência; da causalidade e da finalidade da vida. É pretender que esse autor possua uma "concepção de mundo" e de vida. Qualificar de "filosófico" um autor é, assim, não somente admitir, mesmo que veladamente, que à literatura falta alguma coisa – a filosofia –, mas também que uma certa compreensão de filosofia monopolizou a experiência do sentido, que se chama pensamento. Ocorre que a filosofia não é a única forma de pensar e que nem o pensar é objeto exclusivo da filosofia. Ademais, a filosofia se diz e se pensa de muitas maneiras, sendo mais plural que unitária, mais finita que eterna. Se a obra de Clarice provoca a filosofia não é porque poderia indicar o caminho para uma filosofia literária, mais tocante e viva do que a prosa de conceitos áridos e formais que caracteriza o discurso filosófico. E nem ainda por chamar atenção para o fato de a filosofia não ser o mesmo que exercícios de lógica ou compilação de citações, que haveria uma não filosofia dentro da própria filosofia que a sua obra saberia extrair.

A obra de Clarice nos desvia dessas longas disputas da cultura entre filosofia e literatura, prosa e poesia, sentimento e razão, sensibilidade e intelecto, linguagem e realidade. Ela nos devolve à fonte de todas essas disputas, a um antes da filosofia que não é nem mito nem caos. Um antes do mito e do caos que é um antes mesmo de qualquer antes, pois é o que já sempre está sendo. Clarice nos devolve para o sendo, o gerúndio de ser, o sendo que já é pensamento, e não o objeto de

um desejo do pensamento. A sua obra "descortina" o sendo-
-pensamento "atrás do pensamento". Em questão está o nascer de um pensamento, e não tanto pensamentos prontos sobre o que é nascer ou surgir. Se damos como subtítulo deste livro "a filosofia de Clarice Lispector" não é de modo algum para buscar a legitimação da filosofia ou para extrair uma nova ou outra filosofia de sua obra. É somente para indicar que a experiência do sentido, isso que se chama pensamento, é o fio que me orienta no labirinto de seus textos. E talvez para, num gesto bem pouco Clarice, pelo tom programático, insistir que o mundo hoje precisa deixar de "morar na filosofia", entendida como o passado do pensamento, para cuidar do presente do pensamento, do presente do existir da existência. Esse é o modo clarice de cuidar do mundo.

Pode soar estranho que num momento como o nosso, em que a existência se vê tão pisoteada, extenuada, explorada e desprezada, se faça uma declaração de amor à existência. Mas talvez, quando tudo parece ruir diante de nós, quando nos vemos tão desamparados num presente tão devastado, extirpados não só do futuro, mas também do passado, o fato de só nos restar a existência possa nos acenar um outro sentido de mundo em que o desamparo possa se descobrir bússola. Pensar como Clarice, dedicando-se ao presente do existir da existência, inaugura modos inauditos de abalar certezas, saberes, visões, escutas e até formas consagradas de abalo. Vivemos, hoje, abalos tão profundos que não mais sabemos existir. Torna-se cada vez mais urgente aprender a re-existir. Como Clarice cuida do mundo ao escrever o presente do pensamento do ato de existir? Como ela nos ensina a re-existir? Essas são as perguntas que norteiam este livro para Clarice, esta declaração de amor.

ESCREVER-TE

Escrever para Clarice e não sobre Clarice. Tampouco apenas a partir dela ou com ela.

Mas, para começar, quem é Clarice? A resposta mais simples seria: Clarice é a literatura. Assim, escrever para Clarice seria escrever para a literatura, e não sobre o que é a literatura, sobre questões, temas e técnicas literárias, ou sobre a relação entre literatura e outras artes e expressões do espírito humano. Isso implicaria, porém, saber o que é a literatura. Clarice não se identificava com rótulos, nem mesmo o de literatura. Na única conferência que fez acerca da "literatura", versada sobre "a literatura de vanguarda no Brasil", insistiu que nunca havia pensado em termos de "literatura", que para ela era designação de quem observa a escrita de fora para dentro: "Literatura para mim é o modo como os outros chamam o que nós, escritores, fazemos".[1] Não é por acaso que a única palestra em que se propôs a "pensar em termos de literatura" tenha sido proferida no Texas, no exterior, onde se está fora do dentro de cada um. Em suas obras, sobretudo as tardias, nas quais Clarice até mesmo cita Clarice, lemos, por vezes, a palavra-rótulo literatura sendo pensada, não obstante recusada. "Eu não faço literatura: eu apenas vivo ao correr do tempo."[2] Considera que escrever para a literatura não é escrever propriamente, mas apenas fazer crônicas, observação que faz a respeito das suas próprias crônicas, para ela uma atividade secundária em relação a sua escrita não obstante a "vertical das emoções" nelas apresentada,

---

1 "A literatura de vanguarda no Brasil", in *Outros escritos*. Rio de Janeiro: Rocco, 2005, p. 96.

2 *Um sopro de vida*. Rio de Janeiro: Rocco, 1999, p. 16.

como bem observou Didi-Huberman.[3] A crônica é uma escrita com propósito, finalidade e compromisso com alguma coisa, inclusive com a sobrevivência. Mas "Eu escrevo para nada e para ninguém".[4] Clarice não é a literatura. É a escrita, ou mais claramente, é o ato de escrever. "Eu não faço literatura: eu apenas vivo ao correr do tempo. O resultado fatal de eu viver é o ato de escrever."[5]

Viver ao correr do tempo tem como resultado fatal o ato de escrever. Essa frase abala algumas certezas comuns. Ela não diz que vivemos no tempo, mas ao correr do tempo, como se diz de quem vai ao léu de uma ventania, sendo levado pela ventania do tempo de tal modo que só é possível ser durante esse correr. Viver ao correr do tempo tampouco corresponde à ideia de um viver sequioso de alcançar um resultado final seguindo uma rota linear do tempo. Ser ao correr do tempo, e não para uma finalidade sempre adiada para depois do tempo, tem por resultado uma fatalidade, e não uma finalidade. O seu resultado "fatal" é o ato de escrever, diz Clarice. Fatal é o ato de escrever, pois esse ato nada mais é do que o fato mais duro, "fatos são pedras duras",[6] pois quando se está em ato não há como fugir. "Ao correr do tempo" não há como correr do tempo, seja para um passado anterior ou para um futuro posterior, pois o que essa expressão diz é que se está no instante mesmo em que o correr do tempo mostra-se no tempo característico do seu correr.

---

3   G. Didi-Huberman, *A vertical das emoções: as crônicas de Clarice Lispector*, Belo Horizonte: Relicário, 2021.

4   Ibidem.

5   Ibidem.

6   *A hora da estrela*. Rio de Janeiro: Rocco, 2017, p. 71.

O que irrompe no ato é o estar correndo, o flagrar desse gerúndio avassalador, inescapável. É com efeito um "ao correr da mão", que nesse correr não mexe no que ela escreve, pois "esse é o modo de não haver defasagem entre o instante e eu: ajo no âmago do próprio instante".[7] Escrever transborda como corrimão do existir. Assim, em questão não está a literatura, tampouco a escrita e suas escrituras, e sim *o ato* de escrever. Só o ato, e toda a sua solidão cósmica.

A fatalidade tatuada no ato de escrever é a fatalidade de só ser possível escrever esse ato. Não descrever o ato como um espectador que assiste ao ato de uma cena diante de seus olhos, por mais envolvido e magnetizado que ele possa estar. Isso seria tomar o ato de escrever como algo exterior, frente ao qual seria possível guardar uma distância. Escrever o ato de escrever é a tarefa mais árdua, pois é da ordem dos caçadores da própria sombra, do ouroboros ou das serpentes místicas devorando a própria cauda. Aqui não há nem separação entre momentos e lugares nem unidade num tempo e num espaço. Aqui não há espaços e tempos separando o interior do exterior.

Escrever o ato de escrever é escrever o estar sendo em ato. Essa é a dureza de pedra do ato. Aqui não há história, nem bem estórias. Não há ficção, tampouco "realidade", no sentido de algo com contorno definido, palpável e apreensível, seja por conceitos ou por imagens. Não existem palavras "teóricas" para descrever o que não pode ser descrito, mas somente escrito. Toda a obra de Clarice é uma dedicação

7   *Água viva*. Rio de Janeiro: Rocco, 2019, p. 61.

inteira e incondicional à escrita do estar escrevendo, que, por nada escrever a não ser o estar sendo em ato, não é para nada e para ninguém. "Escreverei aqui em direção ao ar e sem responder a nada, pois sou livre. Eu — eu que existo."[8] É a dedicação aos sentidos de existência que irrompem ao surpreender o ato de estar existindo. Por isso, não pode haver uma aprendizagem da escrita, ou, se houver aprendizagem, é de natureza inteiramente outra, diferente dos modos conhecidos de aprender. Ela mesma diz: "para escrever, o aprendizado é a própria vida se vivendo em nós e ao redor de nós. É que não sei estudar. E, para escrever o único estudo é mesmo escrever".[9] Escrever só se aprende escrevendo, o que vale para todo verbo vital, seja viver, dizer ou começar. Apenas se começa a viver vivendo, a dizer dizendo, apenas se começa começando. Mas Clarice torna transparente o claro-escuro dessa simplicidade dizendo que "o aprendizado é a própria vida se vivendo em nós e ao redor de nós".[10] Não que aprendamos quando vivemos a vida, mas quando a própria vida está se vivendo em nós, quando se é vivido pela vida. Para tanto, é preciso uma tremenda aquiescência, um tremendo sim. Nesse sentido, as observações que se têm no ato de escrever são, como ela também diz, "*passivas*, tão interiores que se escrevem ao mesmo tempo em que são sentidas, quase sem o que se chama processo".[11] As observações assim feitas são passivas porque escritas ao mesmo tempo em que são sentidas, e mostram a passividade da máxima

---

8 *Um sopro de vida*, op. cit., p. 71.
9 *Crônicas para jovens de escrita e vida*, op. cit., p. 128.
10 "As três experiências", in *A descoberta do mundo*. Rio de Janeiro: Rocco, 1999, p. 101.
11 "Dois modos", in *A descoberta do mundo*, op. cit., p. 319.

atividade que é aquela de fazer-se fazendo pelo fazer, o que gramáticos antigos propuseram chamar de voz média, em que o sujeito da ação é feito por essa mesma ação, em que agir e ser agido pelo agir são um só. Escrever o ato de escrever, o estar sendo em ato, a própria vida se vivendo em nós e ao redor de nós não é, portanto, processual, pois não haveria como contar o tempo, marcar as etapas, definir inícios e términos. Como contar o tempo do estar sendo? É um ato de vertiginosa atenção, pois não se pode mais separar quem vive e a vida se vivendo. Trata-se de um ato de consciência que está aquém ou além da consciência das coisas, tomada no sentido corriqueiramente filosófico dessa expressão, de uma subjetividade apreendendo algo que lhe é exterior. Em jogo está uma consciência que só se dá enquanto se escreve, surgida única e exclusivamente pelo *estar escrevendo*. "O que me atormenta", escreve Clarice, "é que tudo é 'por enquanto', nada é sempre'."[12] Como é possível que escrevendo se dê uma consciência das coisas? Como é possível que dedos teclando uma máquina de escrever, mãos trêmulas rabiscando folhas brancas sejam a fonte de uma consciência tão extrema das coisas, da vida, da morte, do amor, do abandono, dos temas mais humanos e sagrados, mais mundanos e siderais? Clarice nos mostra que escrever o ato de escrever não é anotação ou descrição do que se vê, tampouco invenção do que se quer ou não ver. Não é uma maneira de fixar e eternizar sentidos, quer sensíveis, quer inteligíveis. Escrever o ato de escrever é um modo de ver. É um modo de pensar. Esse modo de ver e pensar é o tema condutor da presente leitura dedicada à Clarice.

12   *Um sopro de vida*, op. cit., p. 88.

ESCREVER ABSTRATO

Clarice busca "uma comunicação mais direta, uma comunicação muda, como acontece às vezes entre as pessoas".¹³ Escrever o estar escrevendo é escrever o estar sendo, o que requer a busca de uma escrita mais direta, capaz de prescindir de palavras. Muito diferente de escritas automáticas, processuais ou psicográficas, seria escrever como quem não escreve, como quem só vive e assim pode abrir mão das palavras.

Como escrever sem palavras? Clarice propõe escrever como quem desenha ou pinta, como ao alisar uma cabeça de criança e passear pelo campo. "Se eu pudesse escrever por intermédio de desenhar na madeira ou de alisar uma cabeça de menino ou de passear pelo campo, jamais teria entrado pelo caminho da palavra."¹⁴ Por que o desenho, a pintura, o alisar a cabeça da criança, o passear pelo campo? Que escrever é esse que escreve como quem não escreve? É aquele que se define pela veracidade eletrizante da mão e dos pés tocando o estar se fazendo, o estar sendo, como num desenho ou numa pintura, como ao se passar a mão na cabeça de uma criança ou ao passear pelo campo. "Escrevo-te como exercícios de esboços antes de pintar."¹⁵ Desenhar é traçar linhas se traçando, "linhas e linhas uma cruzando a outra, e me sentiria toca secreta nessas linhas que os outros talvez chamassem abstratas", "linhas redondas que se interpenetram

---

13 *Crônicas para jovens de escrita e vida*, op. cit., p. 117.
14 Ibidem.
15 *Água viva*, op. cit., p. 34.

em traços finos e negros".[16] Assim como pintar é pincelar o próprio pincelar das cores. Ao dizer que escrever o ato de escrever é um exercício de esboços antes de pintar, Clarice traz o escrever para a sua imaterialidade mais objetiva: o surgir de letras no papel, letras que são traços se traçando diante dos olhos. Escrever o ato de escrever é ver rabiscos emergindo nas superfícies da existência e fazer desse ver um método de visão das coisas, um modo de consciência, uma forma de sentir e pensar. O que liga de forma tão visceral o escrever com o desenho, o esboço, a pintura, entendidos como traçar de linhas, riscar de riscos, pincelar o pincelar, é a busca de fixar o infixável do fugido do ato em ato. É o que narra um antigo mito grego sobre o nascimento da pintura e do desenho, que em grego se diziam com a palavra *zoografia*, grafia da vida. O mito conta que o ceramista Butades, comovido pela dor de sua filha ao se despedir de seu amado, que partia para a guerra, grafou na parede de sua oficina o amado partindo, fixando o estar desaparecendo da silhueta.[17] Os gregos também usavam o termo *skiagrafia*, esquiagrafia, grafia de sombras para dizer desenho. Em *Um sopro de vida*, o "autor" fala das sombras-erro que lhe pertencem[18], indicando uma esquiagrafia das sombras errantes. Escrever o ato de escrever, o ato em ato, é escrever o estar sendo no seu estar sempre partindo, este que, por sua vez, nunca parte.

16 Ibidem, p. 28.
17 Esse mito encontra-se narrado por Plínio, o velho, no livro *História natural*, livro 35, seção 151. Cf. a edição inglesa, *The Natural History*. Editada por John Bostock. Londres: Taylor and Francis, 1855.
18 *Um sopro de vida*, op. cit., p. 87.

É escrever o emergir de traços, letras, palavras, frases, páginas, como o ceramista que grafa nas paredes de sua gruta a sombra do sendo, inescapável ao seu sempre escapar. Afinado por esse escrever, dá-se um tremendo abalo nos modos de ver, sentir e pensar, pois o que se busca ver é o movimentar-se do movimento, o tempo ao correr do tempo, e não o que nele está em movimento. O que se procura é acompanhar o vir à palavra e ao pensamento, e não tanto as palavras, os pensamentos. Assim, escrever é atenção ao vir à escrita, uma espécie de pré-escrever o escrever. São as vias do vir-à, e não do que virá, que passam ao primeiro plano, distinto de uma visão que busca exprimir o que chega ou parte. É como se a apreensão do fugidio em seu fugir resguardasse o que foge em seu livre voo, sem aprisioná-lo em nenhum contorno fixo e fechado.

Clarice insiste sobre o caráter abstrato de sua arte de escrever, pois escrever o ato de escrever, o estar sendo em ato, o instante-já, o *it*, é escrever (e não descrever) um objeto sem figura, que só conhece linhas, traços, rabiscos, grafites. "Ah, será mais um grafismo que uma escrita, pois tento mais uma reprodução do que uma expressão."[19] Reprodução do estar sendo em ato, reprodução que revoluciona todo sentido conhecido de *mimesis* e imitação que, desde os antigos gregos, ocupam tantas discussões sobre a arte, a estética e sua relação com a filosofia.[20] É que não há o que imitar, seja

---

19 *A paixão segundo G. H.* Rio de Janeiro: Rocco, 1998, p. 21.

20 *Mimesis* é um conceito central na filosofia. Esse termo foi traduzido e entendido, ao longo da tradição, como imitação e representação. Foi usado como conceito fundamental do pensamento da arte no Ocidente. Aristóteles define arte, em grego *techné*, como *mimesis*, imitação e representação da natureza.

um objeto exterior ou um objeto interior, uma física ou uma psicologia, um mundo fora ou um mundo dentro. Todos os pressupostos que sustentam visões idealistas ou materialistas, corporais ou espirituais, tais que dentro e fora, interior, exterior, mente, corpo, deixam de fazer sentido quando o que se reproduz é o sendo em ato, o escrever o ato de escrever, o traçar do traçar, que é um outro no mesmo e o mesmo no outro. Talvez se possa dizer aqui *mesmoutro*. Até "a palavra tem que se parecer com a palavra"[21] e a "história é história".[22] Reprodução, nesse sentido, não é cópia, semelhança ou redundância, mas o irromper de uma ressonância. Estar sendo é abstrato, mas de modo algum uma abstração ou qualquer tipo de formalismo, seja estético ou conceitual. É um concreto tão crescente que estoura todos os contornos conhecidos de uma figuração. Seria mais perto do abstrato,

---

Também para Aristóteles, o teatro e, particularmente, a tragédia é uma *mimesis*, imitação ou representação, só que não da natureza, mas das ações. O conceito de *mimesis* tem ainda e, sobretudo, um sentido epistemológico. Há muito, a filosofia entende verdade como a correspondência entre o conceito e a realidade e, portanto, como uma semelhança, imitação ou representação, ou seja, como *mimesis*. No "livro do filósofo", que reúne anotações para um livro nunca concluído, Nietzsche mostra como a filosofia grega falhou em compreender o sentido de arte e de criação ao projetar o sentido epistemológico de verdade e, assim, de mimesis sobre a experiência criadora. A compreensão de *mimesis* como imitação e representação da natureza e do real tem sido debatida e refutada nas últimas décadas, à medida que a discussão sobre a autonomia da arte tornou-se central no debate estético-filosófico. Cf. Luiz Costa Lima em Mimesis como desafio ao pensamento, 2000.

21   *A hora da estrela*, op. cit., p. 20.
22   Ibidem.

só que não de uma abstração idealista ou matemática e, sim, do abstrato bem concreto da música, refratária a toda figuração e imagem. "Tanto em pintura como em música, tantas vezes o que chamam de abstrato me parece apenas o figurativo de uma realidade mais delicada e mais difícil, menos visível a olho nu."[23] Essa realidade mais delicada e mais difícil é o que Clarice também chama "estar sendo."[24]

Clarice também pintava. Não coisas, nem estados de alma. "Antes de mais nada, pinto pintura. E, antes de mais nada, escrevo-te dura escritura."[25]

Clarice pintava com o pincel sobre a tela como se fazem entalhes na madeira ou no metal. Em sua amizade com a artista plástica Maria Bonomi, de cujo filho Cássio Clarice era madrinha, ela se reconhecia nos traços incisivos da gravura, a ponto de preferir receber como presente a matriz do que a gravura dela tirada, como disse à Maria.[26] O "abstrato" era como dizia um modo de chamar o figurativo da "realidade mais delicada e difícil",[27] que é a realidade do movimento puro, do movimento movimentando-se. Aqui, sujeito e predicado coincidem como raio e raiar. Assim como não há um sujeito raio que por vezes raia, mas apenas o raiar, também só é possível dizer estar sendo. Não são formas abstratas

---

23 "Abstrato é o figurativo", in *A descoberta do mundo*, op. cit., p. 316.

24 *Uma aprendizagem ou o livro dos prazeres*, Rio de Janeiro: Rocco, 1998, p. 71.

25 *Água viva*, op. cit., p. 29.

26 "Disse-me Maria que escolhesse uma gravura para mim. E eu – ingenuizada por um instante – pedi logo o máximo: não a gravura, mas a própria matriz. E escolhi a Águia." in *Todas as crônicas*, 2018.

27 "Abstrato é o figurativo", in *A descoberta do mundo*, op. cit., p. 316.

ou geométricas que se quer "desenhar" nessa dura escritura, mas o figurativo abstrato, a figura sem figura do traçar o se traçando, do grafar o grafando, o acontecendo enquanto acontece, a água viva do sendo.

Para abrir *Água viva*, Clarice havia selecionado algumas epígrafes. Uma de Roland Barthes que diz: "não há arte que não aponte sua máscara com o dedo"; uma de Henry Miller, anotada à mão, que diz: "uma coisa que descobri é que a melhor técnica é não se ter técnica alguma"; outra de Man Ray que ela rabisca num de seus manuscritos: "e conto também com o acaso para fazer uma surpresa a mim mesmo".[28] A epígrafe que fica é de Michel Seuphor, com as palavras: "Tinha que existir uma pintura totalmente livre da dependência da figura – o objeto – que, como a música não ilustra coisa alguma, não conta uma história e não lança um mito. Tal pintura contenta-se em evocar os reinos incomunicáveis do espírito, onde o sonho se torna pensamento, onde o traço se torna existência".[29] Todas explicitam, a seu modo, o sentido desse figurativo abstrato, que é o máximo concreto de um traço que traça o traçar de um traço, mas a de Seuphor, desse nome anagrama de Orpheus, explicita o que lhe parece principal: "onde o traço se torna existência". Pois toda a busca é de um traço tornado existência, não apenas por mostrar o surgir de figuras diante dos olhos, mas por deixar ver como

---

28 *Água viva*, op. cit., p. 16.

29 Michel Seuphor é o pseudônimo de Ferdinand Louis Berckelaers (1901-1999), um dos organizadores da exposição de arte abstrata em Paris, em 1930. Seu sobrenome Seuphor foi tomado por ele mesmo como anagrama de Orpheus. A epígrafe foi extraída de seu livro *La peinture abstraite: sa genèse, son expansion*. Paris: Flammarion, 1962.

a existência se surpreende existindo, sempre escapando, embora sem poder escapar do seu escapar, sempre infixável, mas inexoravelmente fixada nessa instabilidade. Pois onde se existe senão no existir? Lugares mudam, tempos passam, a alma é convoluta, o corpo mutante, a vida vai e a morte vem, e se a existência desconhece o seu sentido, ela está não obstante sempre em si mesma, ou seja, existindo. E isso de forma tão incontornável que não consegue se dar conta de que a existência existe, do existir no ato de existir. Só muito raramente se é o estar existindo. É essa consciência que emerge ao se escrever o escrevendo, o estar sendo em ato, a consciência de que "ser só é um estado de ser"[30]: ser só é um sendo. É um grande abalo deparar-se com a existência em ato, com o ato em ato, com o instante-já e fazer desse abalo um modo de sentir e pensar.

Este escrever o *instante-já* do estar sendo como "traço se fazendo existência" é como traduzir "sinais de telégrafo", anotação de "fragmentos fonéticos",[31] "frases balbuciadas na hora mesma que estão sendo escritas e crepitam de tão novas e ainda verdes. Elas são o já".[32] E ainda, "Isso que te escrevi é um desenho eletrônico e não tem passado ou futuro: é simplesmente já".[33] É escrita de raios [tão forte que, numa manhã fria em que eu estava na plataforma da estação central de Estocolmo, lendo no jornal um artigo sobre Clarice, enquanto esperava o trem para a Universidade, no momento *exato* em que eu lia a frase contando sobre como

30 *Um sopro de vida*, op. cit, p. 119.
31 *A paixão segundo G. H.* op. cit., p. 22.
32 *Água viva*, op. cit., p. 41.
33 Ibidem, p. 29.

ela queimou a mão, ocorreu um breve curto-circuito dos cabos elétricos do trem bem ao meu lado]. Como se para confirmar a "eletricidade da vibração, substrato último no domínio da realidade".[34] Todos esses modos de escrever o indescritível ato de escrever em ato expõem o figurativo abstrato da realidade mais delicada e difícil do estar sendo.

ESCREVER UM OBJETO GRITANTE

O figurativo abstrato de estar sendo é ainda o figurativo de um objeto *gritante*. "Objeto gritante" foi um dos títulos que Clarice queria dar à *Água viva* e que, mesmo não tendo ficado como título, é expressão norteadora do livro. Numa passagem da versão final, esses títulos se convergem e associam. Lemos assim: "O que sou neste instante? Sou uma máquina de escrever fazendo ecoar as teclas secas na úmida e escura madrugada. Há muito já não sou gente. Quiseram que eu fosse um objeto. Sou um objeto. Objeto sujo de sangue. Sou um objeto que cria outros objetos e a máquina cria a nós todos. Ela exige. O mecanicismo exige e exige a minha vida. Mas eu não obedeço totalmente: se tenho que ser um objeto, que seja um objeto que grita".[35]

O objeto gritante não é um sujeito psicológico que grita pedindo socorro porque a vida dói na existência humana. Quem grita é o estar sendo, uma máquina de escrever fazendo ecoar as teclas secas, é ser esse objeto, essa máquina escrevendo, é ser o escrevendo. Esse ser o escrevendo grita.

34 *Água viva*, op. cit., p. 28.
35 *Água viva*, op. cit., p. 87.

Pois o que ecoa, fala, soa, grita é o estar sendo no que se é. "Apesar de que eu não escrevo: eu falo".[36] Estar sendo o escrever é o objeto gritante não só porque escrever soa, nas teclas da máquina ou do computador, no atrito do lápis ou caneta sobre o papel, mas porque em lugar de tintas e grafites, escreve-se com palavras. "É tão curioso ter substituído as tintas por essa coisa estranha que é a palavra".[37] É que palavras são objetos gritantes. Palavras são a voz de uma existência humana.[38] Escrever com palavras no ar como se traçam linhas se traçando no papel é escrever como se fala. Essa é uma outra dimensão da escrita abstrata que Clarice realiza. Escrever como se fala, "escrever de ouvido" ou "falar por escrito" se realiza não só pelo ritmo, pelas ressonâncias sonoras das palavras entre as palavras e dentro das palavras, mas, sobretudo, por essa característica tão extrema do som e da música, que é a sua reverberação, que são as suas pulsações. Escrever como se fala – pois se escreve com palavras como se pinta com tinta – é escrever o ritmo que reverbera das palavras, o bater do coração das palavras, o pulsar de suas veias. Palavras aparecem assim como "antipalavras",[39] pois decisivo não são os seus significados, mas as palavras ouvidas na reverberação do seu vir à palavra e perdendo-se em sentidos. "Eu vou me acumulando, me acumulando, me acumulando – até que não caibo em mim e estouro em

---

36   Ibidem, p. 38.
37   Ibidem.
38   "pois as palavras eram a voz de um homem", in *A maçã no escuro*, op. cit., p. 131.
39   *Um sopro de vida*, op. cit., p. 37.

palavras".⁴⁰ Nem mesmo se trata de escrever o som das palavras, mas de escrever o reverberar e ressoar dos sons em palavra, do estar sendo palavra no entreaberto vibrante do mundo. Por isso, "todas as palavras aqui escritas resumem-se em um estado sempre atual que eu chamo de 'estou sendo'".⁴¹ Palavra é objeto gritante não por dar sentido ou não aos gritos da existência, mas por ser o grito do estar sendo da existência, quando dito e ouvido como sons em forma de palavra. As palavras que doem fundo; as palavras, que estouram na boca por um acúmulo de existência, doem porque a palavra é ela mesma uma sonoridade vertiginosa que nem sequer precisa soar alto, já que ela é no corpo todo, por toda parte, ressonância pulsante do "estou sendo". Há uma música das palavras, embora a música não diga palavras. Clarice escreve de ouvido no sentido de escrever como música que não diz palavras, nas palavras que dizem a música do reverberar do som das palavras. "O substrato último da música era a sua única vibração."⁴²

Há um risco de se tomar por formalismo alienante essa experiência de escrever o ato de escrever, de escrever o objeto gritante de estar sendo, a experiência de uma escrita abstrata que busca escrever como se desenha e como a música se faz. Escrever não deveria ser descrever fatos do mundo, torná-los fluentes para todos, não deveria ser uma ação política, um engajamento com o real? Não deveria pretender uma escrita concreta, e não abstrata ou concretista? Pode parecer estranho que o livro de Clarice considerado o mais

40 *Um sopro de vida*, op. cit., p. 71.
41 Ibidem, p. 75.
42 *A hora da estrela*, op. cit., p. 52.

"social", o livro que precisava versar sobre as pedras mais duras dos fatos, pois "fatos são palavras ditas pelo mundo", esse livro que se compromete com a realidade social brasileira, um livro em que se lê: "Estou absolutamente cansado de literatura, só a mudez me faz companhia"[43], *A hora da estrela*, esteja dedicado a célebres nomes da música europeia. Como um livro que conta uma história que "acontece em estado de emergência e de calamidade pública" está dedicado aos grandes compositores? Na dedicatória do autor "(Na verdade Clarice Lispector)", a vemos dedicar "esta coisa aí" "ao antigo Schumann", "à tempestade de Beethoven", "à vibração das cores neutras de Bach", "a Chopin, que me amolece os ossos", "a Stravinsky, que me espantou e com quem voei em fogo", "à 'Morte e transfiguração', em que Richard Strauss me revela um destino?", "ao transparente véu de Debussy", "a Marlos Nobre, a Prokofiev, a Carl Orff, a Schönberg, aos dodecafônicos, aos gritos rascantes dos eletrônicos".[44] Ela dedica o livro da Macabéa – que nos remete ao livro bíblico dos Macabeus 1, 56-64, em que se conta a terrível história da perseguição judaica, das violentas punições e bárbaros massacres dos judeus que permaneciam fiéis ao judaísmo, à prática da leitura dos livros da Torá durante a sua proibição pelo decreto de Antíoco IV, em 167 a. C. – aos compositores das músicas erudita clássica, moderna e de vanguarda. Dedica a "todos esses que em mim atingiram zonas assustadoramente inesperadas, todos esses profetas do presente e que a mim me vaticinaram a mim mesmo a ponto de eu neste instante explodir em: eu. Esse eu que é vós pois não aguento ser apenas

---

43   *A hora da estrela*, op. cit., p. 70.
44   Ibidem, p. 9.

mim, preciso dos outros para me manter de pé...".⁴⁵ A música é a profecia do presente, o anúncio do presente sempre presente, do presente sendo, do sendo vibrando o seu estar sendo. É para essa arte do sendo gritante, que atinge "zonas assustadoramente inesperadas" em cada mim, que Clarice dedica esse livro, e só num plano mais superficial, pelo fato de a música ser proverbialmente tomada como a linguagem mais universal, por comunicar sem palavras. Escrever o escrevendo é escrever a vibração do estar sendo ao ser por ela vibrado. É escrever "a quarta dimensão do instante-já". Tampouco surpreende que o primeiro livro de Clarice que começa tão perto do coração selvagem do sendo, tenha início com a batida da "máquina do pai ...tac-tac-tac..., o relógio acordando em tind-dlen e o silêncio se arrastando zzzzz",⁴⁶ pois começa já no sopro sonoro da vida ao redor da vida. Vários de seus livros, sobretudo os mais tardios, como *A paixão segundo G. H,* começam e terminam com traços de pontuação - - - -, ou como *Uma aprendizagem ou O livro dos prazeres,* que começa com uma vírgula e termina com dois-pontos, ou como *A hora da estrela,* que começa com um começo no sim, este sino da vida, ou, ainda como em *Um sopro de vida,* que começa com um grito de rapina. Esses traços de pontuação grafam como o começo é uma vertiginosa tomada de fôlego, uma virada de respiração, o grito de uma vibração. Por toda parte, na sua obra, encontra-se a escuta incansável do sendo reverberando em tudo que é.

45　Ibidem.
46　*Perto do coração selvagem.* Rio de Janeiro: Rocco, 1998, p. 13.
　　Clarice escreve o barulho ao seu redor, da máquina de escrever do pai que soa tac-tac, do relógio que soa tind-dlen e o do silêncio arrastado que deixa soar um zzzz.

Água viva é o livro em que essa escrita abstrata aparece talvez de maneira mais clara. Foi escrito reunindo inúmeros fragmentos, anotações esparsas, bilhetes dispersos, datiloscritos, manuscritos, rabiscados, tremulados, na busca de escrever o sendo, o "é da coisa". Clarice fala bastante de improviso. Como dizer e escrever o instante-já, o absolutamente inescapável do seu sempre escapando, como segurar nas mãos a água viva, o plasma, o *it*, o é, a coisa, o sendo? Como escrever o infixável, o inescapável sempre escapando? Seria como "fotografar o perfume"?.[47] O livro não narra nada. Não chega nem mesmo a ser um livro. "Este não é um livro porque não é assim que se escreve."[48] Clarice chega a dizer que é um "fac-símile de livro, o livro de quem não sabe escrever",[49] um "falar por escrito". O livro não tem estória ou qualquer estrutura que lembre os meandros da ficção, do romance moderno com seus anti-heróis e quebras de narrativas. Não é ficção. Clarice mesmo hesita em publicá-lo de tão não livro que esse livro é. Ela consulta seu amigo, o filósofo José Américo Motta Pessanha, que incentiva a publicação e lhe sugere acrescentar um subtítulo capaz de identificar a obra como não ficção, ou apontamentos, ou, ainda, um certo tipo de diário.[50] Mas o livro possui um tema: "meu tema é o instante? Meu tema de vida".[51] Tema como a música tem temas, ou seja, o que gera variações. Mas ter o instante como tema é ter um tema atemático, é ter como ponto de partida

---

47 *Água viva*, op. cit., p. 62.
48 Ibidem, p. 29.
49 Ibidem, p. 62.
50 Ibidem, p. 136.
51 Ibidem, p. 28.

a variação variando-se, e não algo que varia. Clarice é escritora dodecafônica, atonal e atemática não por eliminar o tema, mas por ouvir o tema musical de maneira mais musical ainda do que a compreensão musical corrente: ela escuta que, na música, o tema é o inexorável instante-já. Para ela, a música é a profecia do presente. Escrever o instante-já, o sendo em ato, tema atemático, é escrever com palavras trêmulas na mão tentando pescar o sem palavras gritante do sendo: "Então escrever é o modo de quem tem a palavra como isca: a palavra pescando o que não é palavra. Quando essa não palavra – a entrelinha – morde a isca, alguma coisa se escreveu. Uma vez que se pescou a entrelinha, poder-se-ia com alívio jogar a palavra fora. Mas aí cessa a analogia: a não palavra, ao morder a isca, incorporou-a. O que a salva então é escrever distraidamente".[52]

Escrever o escrever, palavra pescando a antipalavra do sendo, é a experiência de ser o instante-já, de ser o ato de ser, de ser o sendo e não meramente ser algo que existe no tempo, na vida e na existência do mundo. É importante ressaltar que o "instante-já" não se confunde com o aqui e agora de uma ideologia consumista do *carpe diem*, aproveite o dia, 'da vida nada se leva'. O "instante-já" não equivale a um presenteísmo que desgarra a existência da existência, ao mobilizá-la para só buscar a vivência de qualquer coisa, a qualquer momento, em qualquer lugar, de qualquer maneira, a qualquer preço. A necessidade de escrever o *instante-já*, de enfatizar a ênfase já inerente ao instante é para expor como o instante não é apenas o ponto sem extensão, fugidio e passageiro de uma ordem temporal do passado para o futuro, do antes

52   Ibidem, p. 36-37.

para o depois. É, na verdade, uma quarta dimensão em que não cabe mais falar do tempo tridimensional, passado, presente e futuro, por tratar-se de um tempo sem tempo, incomensurável, de uma expansão do intenso. O instante-já não é isso ou aquilo, mas está sendo. Pode-se dizer que mostra uma extensão sem extensão, um passar que não passa, a intensidade de uma reverberação. O sendo não tem começo nem fim. A sua experiência não é temporal, quando por tempo se entende a medida do movimento segundo o antes e depois. O sendo está sendo em qualquer tempo, no passado ou no futuro: eu estava sendo ontem, estou sendo agora e amanhã estarei sendo, mesmo que a vida renascida e a vida destruída sejam marcas de abalos fatais no sendo. O sendo não fala do tempo que situa e localiza, mas de modos e estados de ser. Sendo é como ser é, é como a existência existe. Aqui não mais importa o que se é, pois o sendo, apenas ele, é "o quê", uma substância sem nenhuma substância. O sendo é sopro de vida, sem origem ou destinação, uma "felicidade clandestina". Clarice é a escritora do sendo, a sua grande pensadora.

Água viva, esse livro não livro, essa não ficção, coletânea de apontamentos, pode ser tomado, segundo alguns de seus leitores, como um tipo de diário que conta como Clarice pessoa e Clarice escritora se encontram, e como esse encontro de Clarices, de Clarice e suas máscaras, "fica (ou aparece) como imanente ao cotidiano". Foi como José Américo Pessanha ficou inclinado a compreendê-lo. Ele leu o livro como a experiência da "literatura" vindo à Clarice, onde ela se torna seu próprio tema – "como num divã de psicanalista, em que se fala, sem texto previamente ensaiado".[53] José Américo viu Clarice como tema do livro. Mas Clarice escreve que o instante é "meu tema de vida". Há uma diferença crucial nessas duas apreensões. Será que ficar (ou aparecer) "como imanente ao cotidiano" corresponde propriamente ao que Clarice chama de instante-já? *Água Viva* talvez possa ser lido como um texto improvisado como quando se deita num divã psicanalítico para viajar ao redor de problemas, seguindo a leitura de José Américo. A questão crucial não é, porém, saber quem é o "eu" à procura de si, mas ouvir como o "eu" se diz. Clarice adverte: "E se digo "eu" é porque não ouso dizer "tu" ou "nós" ou "uma pessoa". Sou obrigada à humildade de me personalizar me apequenando, mas sou o és-tu",[54] A maneira mais imediata de ler essa passagem é tomá-la como a expressão da duplicação ou plurificação do eu que caracteriza o texto literário ficcional, a multiplicação do mistério do eu criador e sua "perplexidade no jogo de espelho das personagens", de suas máscaras e personas.[55]

Mas é possível ler Clarice de outro modo. A escrita de Clarice faz aparecer que no divã psicanalítico não se viaja apenas em torno dos "próprios" problemas, mas também e, sobretudo, dentro do estar sendo. Quem fala no livro é o estar sendo vindo ao eu, e não um eu imerso no cotidiano a dar ênfases ao instante. Esta me parece uma das experiências mais liberadoras do livro, a experiência do eu que é um és-tu.

---

53   J.A. Pessanha, "O conselho do amigo. Carta a Clarice Lispector", in *Água viva*, op. cit., p. 136.
54   *Água viva*, op. cit., p. 30.
55   J.A. Pessanha, op. cit., p. 136.

As duas últimas obras de Clarice, *A hora da estrela* e *Um sopro de vida* tratam dessa questão de forma tão transformadora que mereceria vários livros dedicados só a ela. *Um sopro de vida* é o livro que oscila entre um diálogo e um "duplo diário" [Isto afinal é um diálogo ou um duplo diário?[56]] entre Ângela e o seu autor, a personagem no feminino e o autor no masculino. Em *A hora da estrela*, o título que abre o texto, com "dedicatória do autor", é seguido de um parêntese "(Na verdade, Clarice Lispector)", o que pode ser lido como "na verdade o autor é Clarice Lispector, uma autora". Muito já foi dito, lembrando as páginas já escritas de Hélène Cixous sobre essa dedicatória e seus parênteses, sobre o feminino e o masculino e todas as diferenças sexuais e a sexualização de todas as diferenças.[57] Porém, o que chama mais atenção é como o autor se torna ele mesmo personagem, e não apenas que as personagens espelhem o autor. Em *A hora da estrela,* fica bastante clara a necessidade da ficcionalização do autor, que não provém de um mero capricho ou de uma escolha estética de seu "autor (Na verdade, Clarice Lispector)", como ela escreve a sua autoria. Da não estória de *Água viva* à estória mais histórica que encontramos na obra de Clarice, de certo junto com outros contos e crônicas, narrada em *A hora da estrela*, aparece a urgência tão pungente e lancinante da pedra dura do fato da existência que o autor passa a ser a única ficção. A história da Macabéa é a história de como uma dor de dentes da existência dejetada dá uma "fisgada funda em plena boca nossa. Então

---

56 *Um sopro de vida*, op. cit., p. 36.

57 Cf. os pioneiros estudos de Hélène Cixous sobre Clarice Lispector, entre outros *Lire Lispector*, Paris: ed. Des femmes, 1989.

eu canto alto agudo uma melodia sincopada e estridente – é a minha própria dor, eu que carrego o mundo e há falta de felicidade".[58] É a história não só de Macabéa, "uma nordestina amarelada", mas de como ela, ele, o autor, o/a escritora, isto é, o escrever pegou "uma vez de relance o olhar de uma nordestina amarelada". É a história de como se vê e escreve o grito da existência em ato, o que se costuma chamar de fato. "Fatos são palavras ditas pelo mundo"[59] porque são o grito da existência em ato. São fatos sem literatura, são pedras irremediáveis, e "de fatos não há como fugir".[60] O autor vira ficção quando precisa transgredir e escrever sobre a realidade que o ultrapassa. Mas porque urge escrever como único meio de se defender da acusação da existência em ato que Macabéa expõe em carne viva, esse escrever que escreve o escrevendo, esse escrever o ato da existência é não só um "pegar de relance o olhar do fato", mas ainda uma estranha criação. Não a criação de uma personagem, como acontece com o seu autor, mas a "criação de uma pessoa inteira que na certa está tão viva quanto eu".[61] Essa criação é só para mostrar como a Macabéa da existência em ato, a existência sendo na sua crueza, crueldade e nudez, está andando nas ruas da cidade, "andando de leve por causa da esvoaçada magreza".[62] No nível da realidade, o autor é a ficção, ele é a

---

58 *A hora da estrela*, op. cit., p. 11.
59 Ibidem, p. 71.
60 Ibidem, p. 16.
61 Ibidem, p. 19.
62 Ibidem.

"válvula de escape e da vida massacrante da média burguesia".⁶³ Muitas vezes, o autor fala no livro entre parênteses. A Macabéa da existência em ato está por toda parte; é a realidade da realidade brasileira, a realidade de vidas anonimizadas, de vidas quase-vidas, dejetadas, deserdadas do mundo, expulsas da vida como se é expulso de um amor total, sem nenhum direito de volta e resgate da vida, e muito menos de uma vida no amor em que se é. É vida descarnada e esfolada; a realidade de viver como um parafuso dispensável numa sociedade técnica.⁶⁴ Lemos, nesse livro, o autor descobrindo a si mesmo como uma ficção quando a Macabéa da realidade-sendo emerge como uma urgência.⁶⁵ Macabéa – a existência sendo – não era nada, não tinha nada. Era um nada redundante, "apenas fina matéria orgânica. Existia. Só isto. E eu? De mim só se sabe que respiro".⁶⁶ Era só isso, existia. Era a existência da existência sem nada, depenada. Ela tinha só o indispensável: "um sopro de vida".⁶⁷ Nesse livro, fica claro que, para se pôr no nível da realidade nos ultrapassando, é preciso despojar-se de tudo, "deixar toda esperança", como Dante escreveu no portão do seu Inferno, e se deixar ser como o que apenas respira. Nessa existência tão desgraçada, tão nadificada, tão feia e anônima, "pois ela não é para ninguém", o "autor", o "escritor", o escrever está "procurando

---

63 Ibidem, p. 31.
64 Ibidem, p. 29.
65 Não se pode esquecer que Macabéa é datilógrafa como Clarice é datiloscritora.
66 Ibidem, p. 39.
67 Ibidem, p. 39.

danadamente achar ...pelo menos um topázio de esplendor".[68] Escrever o fato bruto e duro da existência que só existe, que está existindo e encontrar ali a fonte de uma re-existência à danação da vida: esse é o acontecimento do livro. Ser essa existência que só existe, que não é nada mais do que estar existindo: essa é a grande questão. Assim, quem diz eu sou, eu sou, eu sou é a vida. Nem o autor, nem a ficção do autor, nem a personagem e as máscaras que assumimos na vida ou a vida que fantasiamos nas máscaras.

É a existência apenas existente, o existir que, flagrado em ato como num "estouro", diz: "eu sou". E diz quando busca "no próprio profundo e negro âmago de si mesma o sopro de vida que Deus nos dá".[69] Diz eu sou em cada eu, em cada tu, em cada nós e vós e eles e elas. E porque é a vida própria se vivendo em cada um, o "eu sou" precisa ser ouvido como a vida nele se dizendo: estou sendo. Esse é o cerne explícito de outro livro de Clarice, *Uma aprendizagem ou O livro dos prazeres*. A aprendizagem de Lóri, a Loreley, nome emprestado de uma personagem do folclore alemão, cantado por Heine num poema,[70] é a aprendizagem da "descoberta de viver", mas não simplesmente de viver a vida, como se costuma dizer em meio aos hábitos e seus sistemas. É a descoberta de como o estar sendo é em cada um, em cada coisa, em cada existência e vida, saindo pela garganta em cada forma de vida, num sopro de vida. Lóri diz:

---

68   Ibidem, p. 39.
69   Ibidem, p. 84.
70   *Uma aprendizagem ou O livro dos prazeres*, op. cit., p. 97.

"eu gosto de ver as pessoas sendo".[71] "Então estranhou-se a si própria, e isso parecia levá-la a uma vertigem. É que ela própria, por estranhar-se, estava sendo".[72] Dizer "estou sendo" é ainda mais raro que as situações em que alguém pode dizer "eu sou" intransitivamente. Afinal, quem diz corriqueiramente "eu sou"? E se alguém o faz como o fez, por exemplo, Descartes, os ouvidos reagem e buscam logo corrigir o uso perguntando "o quê?". Eu sou o quê? Eu sou quem? Eu sou isso ou aquilo, fulano ou sicrano. Raro é poder dizer "eu sou", pura e simplesmente. Pois esse "eu sou", sem predicados ou qualidades, sem adjetivos ou adjuntos, só consegue sair pela boca quando o estou sendo, o sendo toca com tal abalo o existir que se descobre o impossível de se encobrir: que se está sendo. Nesse abalo explicita-se como é raro o existir se dar conta de que existe, como parece insólito o existir sentir o existir no instante-já. Como é tremendo que o mais real, o real sendo, tão raramente nos toque. Por isso, flagrar o ato em ato é um grande abalo, como o que se dá:

> "Só no ato de amor – pela límpida abstração de estrela do que se sente – capta-se a incógnita do instante que é duramente cristalina e vibrante no ar e a vida é esse instante incontável, maior que o acontecimento em si: no amor o instante de impessoal joia refulge no ar,

---

71 Ibidem, p. 71. O poema de Heine chama-se "Die Loreley", na bonita tradução de André Vallias, "A Lorelai", cf. André Vallias. *Heine hein? Poeta dos contrários*. São Paulo: Perspectiva, 2011, p. 98.

72 *Aprendizagem ou o Livro dos prazeres*, op. cit., p. 71.

> glória estranha de corpo, matéria sensibilizada pelo arrepio dos instantes – e o que se sente é ao mesmo tempo que imaterial tão objetivo que acontece como fora do corpo, faiscante no alto, alegria, alegria é matéria de tempo e é por excelência o instante".[73]

Essa passagem do começo de *Água viva* diz tudo. Captar o ato em ato só é possível num ato de entrega total e inteira. Isso não significa despersonalização, dessubjetivação e nem fusão, nem não-eu, não-tu, nem eu-tu. No ato de amor em que se está sendo no sendo "de maneira duramente cristalina e vibrante no ar", ninguém é, seja para si ou para o outro. No ato de amor, em que o ato se flagra em ato, o verbo existir se torna verbo transitivo direto. Tu me existes. E eu te existo, ao menos enquanto o coração bate e a veia pulsa. Escrever [o] sendo, escrever *it*, o que só se diz em língua desconhecida é escrever para *ti*, escrever-te em tudo, tudo. *It*, escrita anagramaticamente ignota de *Ti*. Escrevendo – dou-te tudo.

---

[73] *Água viva*, op. cit., p. 27.

ATRÁS DO PENSAMENTO

A dura escritura que escreve o estar sendo em ato é um modo de ver ao ser visto pelo que vê. Essa experiência interrompe hábitos de visão e de compreensão que supõem a distinção clara e nítida entre aquele que vê e o que se vê; entre o sujeito e o objeto da escrita. Em jogo, aqui, está a simultaneidade de um ver *em sendo* visto, de um escrever *em sendo* escrito pelo que se experiencia. Essa experiência da escrita do *em sendo* reinventa a língua. Os verbos descobrem outros tempos, modos e vozes, pois a ação é, ao mesmo tempo, ativa e passiva. A escrita de Clarice é uma revolução verbal, pois transforma verbos comumente ativos em verbos pronominais, verbos infinitivos em verbos transitivos diretos. Ver passa apenas a fazer sentido se experienciado como vê-se, ver sendo visto, assim como escrever é escrever-te, escrever sendo escrito pelo que escreve. O verbo escrever recebe a inusitada desinência de um pronome pessoal oblíquo "te", e passa a ser conjugado, isto é, experienciado, como um verbo transitivo direto: quando escrever é estar sendo escrito pelo que escreve, escrevem-se as coisas, e não mais sobre as coisas. *Escrever o sendo é ser escrito pelo sendo.*

A revolução verbal de Clarice expõe uma sensibilidade diversa do que ela chamou de "sentimentação", que designa o tipo de sensibilidade a qual resulta de concepções de mundo e suas filosofias baseadas na oposição entre sensibilidade e inteligibilidade; corpo e alma; matéria e espírito; intuição e razão; sentir e pensar. Sentimentação é a sensibilidade insensível que caracteriza "a terceira perna", ou tripé que impõe um modo de andar no sendo da existência em busca de firmar e formar o informe em aberto do sendo.[1]

1   Cf. *A paixão segundo G. H.*, op. cit., p. 13 e 69.

O neologismo "sentimentação" indica que a oposição entre sentimento e racionalização gera um tipo de sensibilidade: a sensibilidade de uma existência que vê, sente e pensa a existência sem se abalar pelo estar sendo, sem ser tocado e revirado pelo sendo em ato. Essa nova palavra revela como o que se costuma chamar de sensibilidade é mais uma sensibilidade insensível para o "em sendo", uma sensibilidade que gera uma literatura que se define como ocupada em (d)escrever o real ou o imaginário, a interioridade humana ou a sua exterioridade. E, sobretudo, como uma sensibilidade oposta ao pensamento. Sentimentação é termo revelador de um hábito dualista de pensar, não tanto por privilegiar o pensamento com relação à sensibilidade, mas por desenvolver uma sensibilidade insensível. A dura escritura do ato de escrever, do escrever-te, esse escrever ao ser escrito pelo ato, o escrever do sendo em ato, quebra o sistema de sentimentações, tira a terceira perna e devolve o corpo à instabilidade do andar com duas pernas só. Entreabre, nos termos de Clarice, um modo de "pensar-sentir" tocado pelo "atrás do pensamento".

Escrevemos pensamentos. Pascal escreveu seus célebres "pensamentos", que Clarice conhecia,[2] e Montaigne os seus *Ensaios*, outro nome para a escrita de pensamentos que acompanha escritores e filósofos. Sem dúvida, escritores pensam e filósofos escrevem. O único filósofo que

2 "Como se vê, esse primeiro dia de objetividade foi sonambúlico. Se ele procurava passar do espírito de geometria para o de finesse, as coisas obstinadamente não tinham uma *finesse* alcançável pela sua grande boca e pelas suas mãos pouco hábeis".
Essa passagem é uma clara alusão a Blaise Pascal, que estabeleceu a distinção entre *esprit de géométrie* e *esprit de finesse*, *A maçã no escuro*, op. cit., p. 142.

não escrevia era Sócrates, e nem todo filósofo sabe escrever. Platão, que era um grande escritor, representando para a Antiguidade o que Nietzsche seria na Modernidade, um filósofo-poeta e escritor, tinha posições contraditórias. Condenou a escrita por fixar a dança do pensar, comparando-a às marcas da roda deixadas por uma quadriga que corre pela mesma pista num estádio de competição. Fixado na escrita, o movimento de pensar passa a ser repetido sem pensar. Por outro lado, Platão expulsa os poetas da sua república filosófica, por serem portadores de uma cultura oral que, aprendida de cor, também imobiliza o movimento do pensar. A crítica da escrita proposta por Platão refere-se ao perigo de fixação do movimento de pensar, imanente à escrita e ao automatismo da fala, que é fonte de dogmatismo e alienação, para usar uma palavra que não é de Platão. Mas ele também escreve e, para superar esse risco da escrita, propõe-se a escrever diálogos como se fossem dramas em que se encenam os diálogos da alma com ela mesma. Uma discussão semelhante é feita por Nietzsche, mesmo que não diretamente em relação à escrita, pois ele reconhece que a escrita tem parte com o desenho e a pintura. Vê que o maior perigo de fixar o livre e solto do pensar está na própria filosofia, que, ao formular seus conceitos gerais e universais, lógicos e racionais, congela-os e não mais consegue pensar como pintores pintam feito mandarins, usando seus pincéis de muitas cores. A história da filosofia poderia ser narrada como o drama da perda do movimento de pensar, quando alcança conceitos pensados, uma dialética entre "o pensar" e "o pensado", o "já pensado" e o "a se pensar". Por isso, pensar costuma ser filosoficamente definido como deixar ideias fixas e prefixadas em opiniões, despertar de um sonho dogmático, descongelar e se desfazer de preconceitos, liberar-se da imobilização dos que olham as sombras alienadoras na caverna como se fossem realidades, pôr em movimento o "já pensado". O que mais de dois mil anos de ideias filosóficas no Ocidente confirmam, em todas as discussões sobre a relação entre filosofia e literatura, entre escrever e pensar, é que a filosofia ocidental, em suas variações, é um modo de pensar que se desenvolve a partir do advento da escrita fonética, como uma luta entre a escrita e a oralidade. Isso diria, porém, que a escrita não apenas possibilita um modo de pensar, mas que é ela mesma um modo de pensar. Borges tinha certeza de que filosofia era um ramo da literatura fantástica. Essa sua certeza tanto mostra a vocação literária da filosofia quanto que a literatura é um modo de pensar. Talvez a filosofia e a "sentimentação" por ela desenvolvida como cultura e civilização tenham sido uma grande incompreensão do modo de pensar da escrita, embora desenvolvida a partir desse modo. Talvez a filosofia não tenha sido capaz de dar conta do fundo de onde ela pode pensar as suas negações e afirmações; as suas contradições e sínteses; as suas oposições e uniões, mesmo que toda pergunta da filosofia tenha sempre sido sobre esse fundo. O problema é a filosofia ser a obsessão de definir, conceituar, entender o fundo atrás do pensamento, quando o fundo atrás do pensamento é o que não se deixa definir, conceituar e entender. A filosofia chega, sem dúvida, a admitir como seu princípio esse não entendimento e incompreensão de princípio; chega a admitir que "sabe que não sabe",[3] como dizem que Sócrates disse, que só se

---

3   Atribuem-se a Sócrates as palavras "[ἓν οἶδα ὅτι] οὐδὲν οἶδα», [*èn oîda óti*] *oudèn oîda*): sei que nada sei, que não são encontradas

possui uma "douta ignorância", lembrando o título de Nicolau de Cusa. Mas a filosofia parece não poder fazer do não entender uma via de aprendizagem do mundo. Para a filosofia – que pode significar um tipo de literatura –, parece não ser possível considerar que "o ponto de partida deve ser: 'Não sei'. O que é uma entrega total".[4]

O não sei, que é uma entrega total, é o ponto de partida do escrever do sendo em ato. E é na experiência de uma entrega total ao "não sei" inerente ao sendo em ato que o existir pode ser tocado pelo atrás do pensamento no modo de um pensar-sentir. Entrega total ao "não saber" não é a mesma coisa que defender a ignorância ou criticar, desconstruir e afastar-se do saber. Não é uma relação negativa com o já saber e o conjunto dos saberes do mundo, mas uma relação inteira com o não-saber. Negativo e positivo pertencem à mesma lógica. Aqui se está, porém, no frêmito da experiência. Querer saber e, assim, tirar o não-saber de sua obscuridade é uma marca gritante da cultura humana. Inúmeros modos e métodos de lidar com o não-saber, na busca de sua superação, mesmo para confirmar a impossibilidade de um saber absoluto, e que poderiam definir o elã filosófico, representam a passagem do saber ao não-saber como passagem da noite ao dia, do obscuro à clareza, da gruta cavernosa ao campo de uma clareira em aberto. É passagem da cegueira à visão, um desvendar de olhos de cabra cega. Entregar-se totalmente ao não-saber significa, porém, entregar-se à escuridão da noite, ver a luz singular da noite. É aprendizagem

---

precisamente assim em Platão. Algo aproximado pode-se ler nos diálogos *Apologia de Sócrates* 21 de *Menon* 80 d.

4   *A maçã no escuro*, op. cit., p. 231.

de ver cegamente, como se ama cegamente. É encontrar a maçã no escuro e tocar na "suave possibilidade animal da noite".[5] A entrega total ao não-saber corresponde a aprender a ver, sentir e pensar como a noite.

Há um grande perigo em falar, hoje, no mundo dominado pela insensatez, da necessidade de uma entrega total ao não-saber. Vivemos num mundo dominado pela estupidez, entendida como a maquinação de um mundo que introduziu caminhos inusitados para manipular o pensar-sentir do mundo da vida e da vida do mundo. Clarice não diz não-saber, mas não sei. Isso não significa que fale de um ponto de vista subjetivo, intimista, psicológico ou biográfico, e sim desde a experiência de quem escreve o ato de escrever, o sendo em ato em cada coisa, em cada um e até nela mesma. Flagrar o sendo em ato é deparar-se com um "não sei" radical, que é a impossibilidade de saber nos moldes em que é possível saber humanamente, tanto ao perceber sensivelmente quanto ao conceber inteligivelmente as coisas, o mundo. Pois como saber o que não é coisa alguma ou talvez a única coisa que mereça esse nome? Como saber o que é "nada", um "neutro", um "it", puro informe, mas o supra ou infrarreal de toda realidade? O "não-sei" refere-se à experiência do saber do sendo que só pode ser sabendo-se sendo, ou melhor, saber-se sendo o sendo em si. Aqui a linguagem se engasga. Não se trata, portanto, dos saberes e conhecimentos do mundo e da vida, nem de ciência ou de não ciência do que existe e acontece. Em questão não está o que existe, existiu ou pode ou não existir, e sim *que* existir existe e esse "que existe" como o único "o quê", como a nervura da existência.

5 Ibidem.

A aprendizagem assim requerida passa, decerto, por um desaprender, que é mais um desprender-se não só das formas adquiridas e acumuladas de saber e dos conteúdos do saber, mas sobretudo das presas, e, assim como a vida humana, se prende ao existir. *A maçã no escuro* está, junto com todos os outros livros de Clarice, inteiramente dedicado a escrever essa aprendizagem, que é a de aprender a não prender o existir explicando-o, esclarecendo-o, concebendo-o mediante conceitos e explicações, mas escrevê-lo sendo em ato. Escrever [o] "sendo em ato" é escrever como quem recebe as coisas se dando, e assim, colocando entre parêntese as suas definições esperadas e consagradas. As coisas não são dadas. Elas se dão. "Se os bichos eram a própria natureza, nós éramos os seres a quem as coisas se davam: seria tão simples apenas recebê-las. Bastava receber, só isso! Tão simples. Mas uma pessoa não sabe como. Como? Como é que se faz?"[6]

Os livros de Clarice versam, cada um a seu modo, sobre essa pergunta. *A maçã no escuro* trata particularmente de como ver, sentir e pensar cegamente, isto é, entregando-se totalmente à noite do "não sei" dizer, escrever, pensar o sendo em ato, não tanto por ser inefável e indizível com palavras, mas por ser a "fonte mais remota", a "fonte escura" em que "tudo seria possível", a fonte em que já sempre se é e está, quer se queira ou não. É uma fonte antes das fontes, um fundo mais fundo que um fundo. *A maçã no escuro* pode ser lido como uma fenomenologia da noite. Um dos títulos de Clarice é *Onde estivestes de noite?*[7] Onde se está de noite? Onde se pode ser e estar de noite senão no estar sendo?

6 Ibidem, p. 224.

7 *Onde estivestes de noite?* Rio de Janeiro: Rocco, 1999.

Mas por que só tão raramente se é e se está onde já se é e se está? Porque já se é e se está nesse fundo-fonte, parece que a escolha só pode ser como a do náufrago entre "perder a pesada riqueza" – do sendo – ou "afundar com ela no mar"[8] – do sendo. Estar mergulhado no sendo não é ainda um afogamento, se bem que pode resultar em um. É ser na noite. *A noite é a luz do sendo.* Mas é preciso ainda aprender a ser na noite, o que significa aprender a ser noite. Um dos princípios mais antigos da sabedoria grega foi enunciado por Empédocles, o filósofo grego que ainda escrevia em versos e que se jogou nas chamas vulcânicas do Etna na tentativa de sacrificar o homem para salvar a natureza. Ele formulou como princípio de sabedoria que o "mesmo conhece o mesmo", que foi interpretado de muitos modos ao longo da história do pensamento. Há quem o tenha tomado como um princípio diurno, pois de dia tudo se diferencia, exigindo métodos para entender de que forma a multiplicidade das diferenças se harmoniza e se unifica. Assim, é preciso que cada coisa encontre sua essência e identidade, pois o mesmo só conhece o mesmo. Mas houve quem entendeu essa frase como um princípio noturno, pois na noite não é mais possível distinguir diferenças, ao menos não no modo da visão de olhos abertos. A noite se oferece como âmbito do indiferenciado; das confusões e fusões; da obscuridade das intimidades eróticas do cosmo. Nela, nos perdemos de nós. A experiência de estar imerso no sendo é a experiência da noite como "um elemento em que a vida, por se tornar estranha, era reconhecível".[9] A dificuldade que

8   Ibidem, p. 225.
9   Ibidem, p. 14.

essa experiência expõe aparece no modo com que a existência humana se esforça por destruir a estranha vida da noite. Andar na escuridão da noite é caminhar de "olhos inutilmente abertos",[10] pois não há o que se ver, no sentido de distinguir, à distância, contornos e formas diferenciadas. Na noite, ver é tatear e descobrir o movimento do escuro. O escuro resguardado na sua escuridão – o sendo – é o escuro andando da noite e suas baratas. Na noite, abalam-se as leis da geometria, pois o chão passa a ser o único firmamento para uma orientação. Na noite, anda-se desnorteadamente não apenas porque não se consegue ver para onde se está indo, mas ainda porque as distâncias e proximidades alteram continuamente as suas medidas. À noite, fica-se mais próximo da proximidade e mais distante da distância. Mas a noite conhece tanto luzes próprias – a lua, acompanhada de suas estrelas – quanto vozes próprias: o silêncio e a muda de suas várias mudezes. O que a noite mostra é como se está no sendo: sem futuro, sem passado, bambo, tonto e desamparado no estar sendo. E se a noite parece deixar a existência humana abandonada a si mesma – pois onde encontrar pontos de apoio e corrimãos para se amparar na noite da noite? –, é porque nela a existência humana não consegue não fazer a experiência do que é estar sendo. Daí os pavores noturnos. Nela, em lugar de se perguntar para onde se está indo, a existência humana se descobre como quem está indo. Vê-se, o que cegamente significa sente-se, pensa-se o estar caminhando, e não mais de onde se vem e para se quer ir. Nesse ver cegamente na noite, os verbos, que são sempre variadas formas de dizer que se está em

10 Ibidem, p. 19.

movimento, são devolvidos ao seu movimento: o andar para o estar andando, o comer para o estar comendo, o tocar para o estar tocando, ser para estar sendo. A sabedoria de dizer ser como estar torna-se clara: é que na noite do sendo se *está* no instante-já, que é uma dimensão, a "quarta", e não um mero ponto, "o que lhe dava a eternidade de um pássaro pousado"[11]. *A maçã no escuro* é a história do aprendizado humano de ficar onde se está, no sendo. É o aprendizado de um sentido de lugar como pouso de pássaro e do tempo como eternidade de um pássaro pousado, da estabilidade do instável e da eternidade da finitude. Gira em torno da tremenda dificuldade de estar sentado na pedra do instante, sem querer prender o pássaro fugido do sendo para que fique sempre sendo, pois assim esmaga-se o pássaro, sufoca-se o sendo. Tal é sempre o perigo de amar demais, só que amor que não ama demais não consegue amar. Querer eternizar o sendo é matar a eternidade do sendo. Em *A maçã no escuro*, o aprendizado de Martim é ser "um homem que estava sentado", o aprendizado do "assim era". Nenhum conformismo ou resignação; nenhuma desistência ou abstinência. Apenas o aprendizado de estar no sendo, irreversível, indiscutível. É abrir mão de todas as promessas e expectativas e entregar-se inteiramente. É o não ter medo do escuro e a sabedoria pulsante do sendo e, assim, não mais precisar aguardar acontecimentos, pois o sendo está acontecendo. Estar sendo o instante-já é entregar-se inteiramente. Esse ato foi o grande crime de Martim[12], o crime de estar pousado no estar sendo, e isso ser um modo de ver, sentir e

---

11 Ibidem, p. 28.
12 Ibidem, p. 36.

pensar com o corpo, "pois sentado na pedra, o que ele estava fazendo não era senão: pensar".[13] Foi o crime de pensar cegamente, de um pensar que irrompe do sendo. Foi quando conseguiu ver o que viu, "como se olhos não fossem feitos para concluir, mas apenas para olhar".[14] É como se a existência humana conseguisse, por uma vez, descortinar o real não para revelar algo escondido por detrás dele, mas para tirar a cortina do olhar, o olhar que encobre o real-sendo com suas visões, pensamentos e expectativas sobre a existência. Um homem sentado na pedra, a eternidade do pouso de um pássaro: o sendo em ato, nele se descortina um sentido inteiramente outro da relação entre homem e mundo. Assim, ver é não apenas atenção, mas sentir a própria atenção[15], ser uma atenção que vê. É "experimentar enfim a experiência".[16] Quando Martim dormia, dormia; quando trabalhava, trabalhava; quando amava, amava. É como estar "pela primeira vez presente no momento em que acontece o que acontece".[17] É a beleza de ver alguém ver, como bebês que só olham e crianças apontando para nada. Como diz também em *Água viva*, "tente entender o que pinto e o que escrevo agora. Vou explicar: na pintura como na escritura procuro ver estritamente no momento em que vejo –, e não ver através da memória de ter visto num instante passado".[18]

13   Ibidem, p. 47.
14   Ibidem, p. 81.
15   Ibidem, p. 88.
16   Ibidem, p. 284.
17   Ibidem, p. 115.
18   *Água viva*, op. cit., p. 79.

Ver cegamente é ver sem a memória de ter visto num instante passado. É "ter visão contínua". A visão contínua não é apenas visão tateada das coisas, como cego que vê com as mãos, encontrando, pela intensidade da proximidade, outras dimensões e extensões. Tampouco é o mesmo que visão do indistinto, essa que se faz para além dos contornos fixados pela luz da visibilidade. Ver cegamente, como se ama cegamente, é o modo de ver o sendo fazendo a experiência de um "não sei", bem diversa do não sei o que é isso, ou não sei o que é depois. Não sei o que é isso já é um saber, pois sabe que o que não se sabe é um "isso". Esse não saber já traz um saber. Até Platão que define de maneira mais enfática a pergunta filosófica como a pergunta sobre o sentido verdadeiro e último das coisas, que se formula em "o que é isso?", "qual é a sua essência?", "qual é o seu fundamento?", "qual é a sua finalidade?", sabia que, para se procurar o sentido de alguma coisa, é preciso já tê-la encontrado, pois, do contrário, como procurar o que não se sabe, o que é sem nome ou imagem, o que simplesmente não é? O não sei do ver e pensar cegamente já que ver é, para Clarice, mais um modo de pensar do que pensar um modo de ver; pensar cegamente refere-se apenas ao sendo, ao instante impronunciável que, por ser impronunciável, recebe infinitos nomes e pronúncias, até mesmo X – "X é o sopro do it?"[19] Não sei o que não é e não pode ser isso ou aquilo, só que, sendo, talvez seja o único isso – o "o que" desprovido de todo conteúdo, a coisa sendo em cada coisa e cada um. O que significa, porém, "tempo ilimitado fora de seu controle",[20] pois o sendo é o tempo

---

19   Ibidem, p. 82.
20   *A maçã no escuro*, op. cit., p. 102.

sem os limites do passado e do futuro, já que só é o correr do tempo, e não os tempos do correr, sejam contados sucessivamente ou simultaneamente. A grande dor humana é achar que tem de possuir tudo antes do fim e ter de viver uma vida inteira antes do fim, e assim sacrificar o único que possui, o estar sendo. Para isso, "o tempo se tornara curto".[21] Lembrando uma das imagens de Clarice, o sendo é uma lagartixa que, mesmo cortada em pedaços – em pontos sucessivos de uma cronologia –, continua a se mexer.[22] Mas é igualmente esse ver e pensar cegamente que torna possível fazer a experiência de como as coisas são em relação às outras, num contínuo que não as dissolve numa indiferenciação ou as neutraliza numa indiferença. "...de agora em diante quero o que é igual um ao outro, e não o diferente um do outro...",[23] lembrando o modo Clarice de enunciar o antigo princípio enunciado antes por Empédocles. Na noite, não somente ver é tocar as coisas – pois nela todos os olhos são cegos –, mas é tocar a noite. Ela revela a intensidade da voz média de sentir e tocar; o mistério do sentir ser sentido; de não ser possível tocar sem ser tocado. O sentir sente o sentir, o tocar o tocar, essas são formulações que explicitam a sensibilidade como intensidade expansiva. Isso diz ainda que, quando um homem toca uma vez a escuridão, ele lhe oferece em troca a própria escuridão,[24] e o que encontra o mistério do mundo é o mistério do modo humano de existência, e não o homem. No rigor dessa reciprocidade não há mais o "sujeito" de uma

21 Ibidem, p. 135.
22 *A paixão segundo G. H.*, op. cit., p. 65.
23 *A maçã no escuro*, op. cit., p. 264.
24 Ibidem, p. 107.

visão das coisas, mas um "ver as coisas" pelos olhos das coisas. O contínuo da visão cega diz respeito à experiência de como a vida é maior do que a "minha" vida, de como a vida está se vivendo em cada coisa que vive, e nesse sentido de como é possível viver na "latência das coisas".[25] O que vê, então, o ver cegamente? É ver como tudo é "um prolongamento suave de tudo, o que existia unia-se ao que existia", uma "evidência de sentido, como se tivesse que divisar uma luz dentro de uma luz".[26] A visão contínua da visão cega não vê as coisas, mas o estar sendo ali de cada coisa, inexoravelmente "eterno", só que não no sentido do que sempre existe e do que nunca passa no tempo. A eternidade do sendo é existir sem existência e sempre passar sem passar. Em *Uma aprendizagem ou O livro dos prazeres*, essa visão contínua é também descrita como a visão de um "pintor que acabasse de ter saído de uma fase abstracionista, agora, sem ser figurativista, entrara num realismo novo. Nesse realismo, cada coisa da feira tinha uma importância em si mesma, interligada a um conjunto – mas qual era o conjunto? Enquanto não sabia, passou a se interessar por objetos e formas, como se o que existisse fizesse parte de uma exposição de pintura e escultura".[27] E na passagem dos Vedas (Upanissades) que epigrafam *A maçã no escuro*, encontram-se as palavras da relação entre as coisas se olhando num ver cegamente:

> "Criando todas as coisas, ele entrou em tudo. Entrando em todas as coisas, tornou-se o que tem

25 Ibidem, p. 108.
26 Ibidem, p. 144.
27 *Uma aprendizagem ou o livro dos prazeres*, op. cit., p. 123.

> forma e o que é informe; tornou-se o que pode ser definido; e o que não pode ser definido; tornou-se o que tem apoio e o que não tem apoio; tornou-se o que é grosseiro e o que é sutil. Tornou-se toda espécie de coisas: por isso os sábios chamam-no o real."
> **Vedas (Upanissades)**

Ver cegamente é ver um dentro que está todo para fora. É um olhar animal, pois o animal nunca substitui uma coisa por outra.[28] Em certo sentido, poderia-se dizer que a noite é esse dentro inteiramente exposto, como uma ferida aberta. Clarice descobre uma semelhança entre ver cegamente e espiar um corpo funcionando. Talvez haja uma razão metafísica para que a noite seja feita para se dormir e o corpo seja o para fora do mais secreto dentro. Pois quem pode iluminar a escuridão da noite ou penetrar a escuridão do corpo sem ferir a noite ou invadir o corpo? Clarice escreve que "A noite foi feita para se dormir. Para que uma pessoa nunca assista o que acontece na escuridão".[29] Compara os olhos cegos como quem espia como funciona por dentro do corpo. Nessa passagem de *A maçã no escuro*, a noite e o corpo são experiências de um escuro que não pode ser iluminado, e de um dentro que não pode ser aberto. Clarice e o Paul Valéry do *Discurso aos cirurgiões* parecem conversar nessa passagem.[30] Central é a experiência de que só o corpo sabe do que se passa de noite, e por isso ver cegamente é ver com o corpo todo.

28   *Água viva*, op. cit., p. 58.
29   *A maçã no escuro*, op. cit., p. 231.
30   Cf. Paul Valéry, "Discurso aos cirurgiões", in *A arte de pensar – Ensaios Filosóficos,* Rio de Janeiro: Bazar do Tempo, 2021.

A continuidade e prolongamento de tudo que a noite permite sem as rédeas da luz do dia descortina como "tudo olha para tudo, tudo vive o outro e, neste deserto, as coisas sabem as coisas".[31] É espantoso que a imersão no sendo, que a noite explicita e esclarece, desloque radicalmente a existência humana de sua autorreferência, pois o que aí se dá é a visão de como o sendo está sendo cada coisa e, assim, de como tudo olha para tudo, tudo vive o outro. Na noite não sou "eu" que não vejo as coisas; é o estar sendo que me vê na noite. Nesse sentido, o existir não só existe, mas necessariamente te existe – mais um verbo intransitivo que descobre sua conjugação enfaticamente transitiva.

PENSAR CEGAMENTE

Escrever o sendo em ato é um modo de ver, sentir, pensar cegamente. Há uma literalidade nessa afirmação, pois escrever de maneira que só no ato de escrever se vê o estar sendo das coisas, as coisas como ato, não é ver alguma coisa. É um modo de ver sem ver, e nesse sentido imediato, cego. Há milênios, considera-se que pensar é um modo de ver sem ver, de ver com os olhos da alma e do espírito, um ver que precisa prescindir dos olhos do corpo para conseguir ver as ideias. Esse seria o olhar platônico, sem o qual tampouco poderia haver algo como um amor platônico. Mas o escrever [o] sendo em ato não vê e pensa como a visão que não vê com olhos para conseguir ver as ideias com o pensamento. Tampouco é inteiramente o mesmo que a visão mística,

---

31 *A paixão segundo G. H.*, op. cit., p. 66.

embora haja uma proximidade, pois a visão mística é aquela dos olhos fechados, de olhos que não buscam outros olhos físicos – mas os da alma –, mas que fecham as pálpebras para, assim, nelas fazer a experiência do toque da imensidão da noite do ser. A visão mística não quer ver mais como quer o pensamento filosófico, mas quer deixar de ver para ser inteiramente visto por essa imensidão. Há uma diferença entre ver com os olhos da alma – que há séculos foi culturalmente identificado com o modo de pensar da filosofia –, a visão mística, que busca deixar de ver e pensar para ser visto e pensado pelo imenso, e ver e pensar cegamente. A diferença talvez se explicite quando se insiste, mais uma vez, que ver e pensar cegamente é a experiência de que ser em ato vê e pensa, o que se expõe sobremaneira quando se escreve com tal inteireza que o que se escreve é o ato mesmo de escrever.

Como escrever é pensar? Qual modo de pensar é escrever? Escrever, mas também ler, são experiências de imersão no sendo em ato. São modos de atenção; são formas do que Clarice chamou certa vez de "alerteza"[32] e "esquivança".[33] "Alerteza" é uma palavra que corrige, digamos assim, o sentido de certeza ou segurança, pois escrever e ler são exercícios de estar alerta, mas no modo paradoxal de um esquivar-se, de uma esquivança das coisas, do mundo. Pois quando se lê e se escreve no mundo e para um mundo, precisa-se apartar-se do mundo, entrar no "seu" mundo. A expressão "imersão no sendo" fala de um movimento, de um adentrar. Só que não se trata aqui de sair de um fora para entrar num dentro, pois do sendo não se pode sair, embora seja preciso sempre

---

32 "Declaração de amor", in *A descoberta do mundo*, op. cit., p. 100.
33 *Um sopro de vida*, op. cit., p. 49.

ainda entrar. O mistério insondável do instante-já, do sendo, do *it*, do neutro vivo das coisas, do X, e seus inumeráveis nomes possíveis e impossíveis, está em ser preciso "cair" no sendo em que já sempre se está. Isso porque o sendo, sempre inescapavelmente escapando, não pode ser um lugar de permanência. Quem "caísse" no sendo e não se "levantasse" enlouqueceria, perder-se-ia inteiramente. Por isso esse cair no sendo em ato, no instante-já, só pode ser relâmpago e faísca, súbito e iminente, falando a língua cheia de surpresas da coincidência. Escrever e ler são contínuos, faiscantes cair e levantar no sendo, pois interrompem o viver para irromper no viver. São tantas as pinturas e desenhos de um leitor e escritor em ato, pois o que a pintura procura pegar em flagrante é o que acontece com o olhar lendo, o olhar escrevendo – Picasso que pinta o olhar de Claude no ato de escrever, Francis Bacon que pinta o estar escrevendo diante do espelho –, ambos pintam a densidade da imersão no sendo, que se esquiva de tudo para estar ainda mais perto de tudo. Não é de se estranhar que a imagem auditiva de uma abelha fugitiva batendo na parede ou de uma mosca golpeando o vidro da janela apareçam com bastante frequência em tantos escritores. É que os barulhos da abelha e da mosca arrancam quem está lendo e escrevendo da imersão no "lendo" e "escrevendo", do estar sendo. O modo como Clarice "associa" suas anotações e rabiscos numa sequência insólita dos não acontecimentos de sua prosa não se deixa explicar por teorias da associação de ideias, tão caras a empiristas de várias épocas. O modo aparentemente desconjuntado e desajeitado de falar do inesperado de uma frase tomar um caminho surpreendente, de uma especulação altamente metafísica e difícil de ser seguida por uma frase banal e cotidiana, tão presente em sua escrita, fala, na verdade, dos acontecimentos imprevistos durante o escrever. São os imprevistos da atenção, desavisos da desatenção, acontecimentos inesperados – porta que bate de repente com o vento, telefone que toca, bem-te-vi na janela, calor entrando no quarto, chuva lavando o ar, barata despontando num canto, coração batendo de tristeza, medo da vida, cisco no olho, roída de unha, e por aí vai – que não param de faiscar enquanto se escreve e lê. Ademais, não há como escrever sem ler; escrever é um lendo, sempre um milímetro de segundo atrasado, como Kafka descreveu certa vez: alguém acertando o relógio de pulso pelo relógio da praça em Praga, sempre um segundo depois. O que se está querendo explicitar é como escrever [o] sendo em ato coloca esse artigo entre colchetes, no sentido de dar-se conta dele nesse segundo de atraso entre estar escrevendo e ver-se escrevendo, entre estar lendo e ver-se lendo [às vezes mais difícil, pois a leitura talvez seja mais imersiva, o que requer uma outra discussão. Falta ainda refletir sobre como Clarice lê e pensa a leitura]. E, sobretudo, como em jogo aqui está um ritmo. Escrever e ler são experiências de imersão na rítmica do sendo, uma espécie de batucada de entradas e saídas da atenção e da desatenção, de estar e não estar sendo no sendo em que já sempre se está.

Mas como o escrever [o] sendo em ato é um modo de pensar? Já assinalamos que o ato em ato vê e pensa, que a atenção e a visão são elas mesmas modos de pensar. Esse é um primeiro sentido de pensar cegamente, pegar em flagrante o estar pensando. A palavra "pensar" está ligada etimologicamente a pesar, sopesar, avaliar. Esse étimo se apresenta, porém, também em outras experiências tais que suspender e suspensão. Essa origem latina expressa a experiência de pensar no âmbito de uma instabilidade, de uma movimentação oscilante em que se torna imprescindível equilibrar-se no instável, feito bailarino na corda bamba. Assim tomada, a palavra "pensar" fala antes de qualquer coisa de uma atenção siderada no instável, na linha bamba para poder nela se contrapesar. Pensar cegamente é atentar perplexo ao implexo de estar sendo. É assim até natural que tantos filósofos tenham considerado que a filosofia começa com a perplexidade e que o título de um dos maiores pensadores judeus, Maimônides, fosse precisamente *Guia dos perplexos*. A diferença é que, ao longo da história, os filósofos buscaram pacificar a perplexidade e encontrar uma via para superar o implexo enredo do sendo, de modo a, se não for possível, dizer com plena ciência "eu sei", ao menos saber que não se sabe e até que nada se sabe. Mas sempre ainda pela via do saber e de suas luzes. Pensar cegamente é, porém, ficar na perplexidade do implexo, manter-se na corda bamba do "não sei". Desse modo, pensar desprende-se de inúmeros hábitos de pensar o pensar, seja como imaginar e combinar, raciocinar e conceber ideias, construir sistemas e visões de mundo, unificar representações e universalizar o particular, conceituar e refletir, seja mais cotidianamente, como pensar no sentido de lembrar de alguém, fazer planos para o futuro, distrair-se em devaneios.

Uma aprendizagem ou O livro dos prazeres já foi lido, juntamente com *A maçã no escuro,* como romances de formação à moda de Clarice. Seriam expressões de viagens de formação e transformação, exercício do mote também milenar de vir a ser o que tu és. Sem dúvida, encontramos frases claras falando em *"já se metamorfoseou em si mesmo"*[34] que remete imediatamente aos românticos "romances de formação". Há, contudo, uma diferença gritante com relação a esse "gênero literário" tão romântico e nostálgico de um Ulisses errante buscando voltar à sua Ítaca. A diferença não está nem no tema da metamorfose, nem em Ulisses, que é tanto o professor de filosofia em *Uma aprendizagem* quanto o cachorro de Clarice, e nem na abordagem do pensar. Está no si mesmo que se aclara não enquanto sujeito psicológico ou um eu biográfico, mas como o estar sendo em cada um. Assim, não caberia mais falar de romance de formação ou incluir Clarice num gênero literário definido por uma subjetividade lírica ou literária. O caminho de metamorfose em *Uma aprendizagem...* é para ser possível dizer num estouro de existência acumulada, simplesmente, "estou sendo", "cada coisa está sendo". A frase que se diz é "ser-se o que se é",[35] ser o sendo no que se é. Não há mais iluminações ou ilustração. Dão-se as "luminescências"[36] do estar sendo, palavra que traz inserida nela própria a reminiscência dessa doação. Essa luminescência soa como a voz de um silêncio. O pensar que o ato luminescente de estar sendo não pensa nos moldes que se pensa cotidiana ou eruditamente. É um não pensar, um não entender vasto. Não havendo subentendidos ou mal-entendidos nessa "luminescência", pois estar sendo é de clareza cristalina e transparente, não há propriamente o que entender. Dá-se um outro tipo de visão, a visão das coisas sendo.

---

34 *A maçã no escuro*, op. cit., p. 304.
35 *Uma aprendizagem ou O livro dos prazeres*, op. cit. p. 126.
36 Ibidem, p. 31.

"Eu estou sendo, dizia a árvore do jardim".[37] Pensar se reduz a ver, no sentido de chegar ao sumo máximo que é o seu mínimo. E assim o que Martim, em *A maçã no escuro*, estava fazendo, sentado na pedra, tal passarinho pousado, "não era senão: pensar".[38] Pousar no estar sendo, talvez a fórmula mais simples para se explicitar o sentido desse pensar cegamente que é escrever [o] sendo em ato.

É pensar quando se lida com a matéria-prima da vida, quando se está num vida-a-vida. Em *Água viva*, livro que é o pensar desse escrever, Clarice não diz pensar cegamente, mas "localiza" esse pouso no estar sendo como estar "atrás do que fica atrás do pensamento". Clarice, sem dúvida, conhecia a expressão francesa *arrière-pensée*, literalmente pensamento-atrás, que se costuma traduzir por motivação oculta, segundas intenções ou mesmo por má-intenção. Pascal usava a expressão de maneira mais próxima a Clarice, ao dizer *pensée de derrière la tête*, que, traduzida palavra por palavra, diz "pensamento de atrás da cabeça", no sentido de "fundo do pensamento". Mas Clarice não diz apenas atrás do pensamento remetendo ao fundo e às motivações do pensar, mas ao atrás do atrás, a um fundo ainda mais fundo que as motivações e fundamentos de um pensamento. Atrás do atrás do pensamento há apenas o estar sendo, o instante-já, um ser antes, um ser quase, um ser nunca. E "atrás do pensamento não há palavras: é-se".[39] Longe de negar o pensamento em favor de pura vivência ou expressar apenas o fundo de onde pensamentos são pensados, Clarice faz aparecer

---

37   Ibidem, p. 72.
38   *A maçã no escuro*, op. cit., p. 47.
39   *Água viva*, op. cit., p. 42.

um atrás do atrás que nem mesmo precisa negar o pensar. O pensar da filosofia, ao menos quando essa palavra grega entra no mundo para ficar soando em inúmeras variações e no seu silêncio e mudez, foi, em seu início, associado a ser. Pensar filosoficamente foi inicialmente enunciado como pensar o ser, a substantivação de ser, para depois tornar-se, na sua conjugação, o eixo de toda enunciação com pretensão de verdade, que se diz na fórmula isso é aquilo, S é P, o sujeito de uma enunciação é o seu predicado, "o homem é o animal racional", "a água é uma substância líquida e incolor".

Atrás do atrás do pensamento é-se, escreve Clarice. E isso é escrever [o] sendo em ato o escrever, sem coisificá-lo, que dispensa o pensamento de seu ímpeto de determinação, para descobrir-se ritmo. Aqui também a relação entre escrever e ler se abala, pois este escrever não escreve para ser lido como um leitor costuma ler o que se escreve e nem apenas como se lê maquinalmente o que se escreve à máquina ou à mão. Como diz Clarice, se for para ser lido, então que seja para um leitor que "trabalhasse, ele também, nos solilóquios do escuro irracional",[40] ou seja, que seja um leitor capaz de ler como se escreve atrás do atrás do pensamento.

Mas onde fica o atrás do atrás do pensamento? Atrás do pensamento não é uma localidade situada atrás de alguma coisa e de outra localidade. Não é um submundo e nem um subconsciente. Nos manuscritos para *Água viva*, Clarice rabisca a palavra "subconsciente" e a substitui por "atrás do pensamento".[41] Talvez seja uma largura. "Largura: atrás do

---

40   *Um sopro de vida*, op. cit., p. 21.
41   *Água viva*, op. cit., p. 114.

pensamento".[42] Mas é de todo modo um atrás do atrás, isto é, um eco, uma ressonância, que pode ser até uma síncope. A ressonância de um eco não é um lugar atrás ou na frente de um outro lugar; é, ao contrário de um lugar, um atrás adiantando-se enquanto um à frente se atrasa. Por isso, atrás do pensamento, ela diz, "tenho um fundo musical". Estar sendo ecoa, espalhando-se atrás do atrás, e não se distingue de um à frente. Experienciado como eco, o atrás do pensamento *traz* a força da vida vivendo para si, se vivendo, em tudo que vive. O que o seu eco traz é um atrás dito como se conjuga o verbo trazer. Por isso não importa se, por vezes, ela escreve "atrás do pensamento" e, por outras, "atrás do atrás do pensamento", como se tivesse esquecido essa distinção tão forte, que se configura justamente na sua repetição. Também por isso escreve o atrás do pensamento em termos de ações: "estou entrando sorrateiramente em contato com uma realidade nova para mim, que ainda não tem pensamentos correspondentes e muito menos ainda alguma palavra que a signifique: é uma sensação atrás do pensamento".[43] Essa mesma passagem se repete umas quinze páginas depois, como eco à frente de si mesmo. A realidade tão nova é precisamente a realidade de ainda não ter pensamentos e palavras correspondentes a essa realidade nova de não ter *ainda* palavras ou pensamentos. "Não ter ainda" difere de simplesmente não ter pensamentos ou palavras, de uma experiência do que se denominou e pensou, na tradição da mística cristã, em termos de inefável e indizível, de apofático e inominável. "Não ter ainda" coloca *o não ter* numa iminência, pousa-o na ponta da

---

42 *Um sopro de vida*, op. cit, p. 25.
43 *Água viva*, op. cit., p. 57.

língua, trêmulo, como se o desamparo só tivesse como amparo o desamparo da vida. *"Não ter ainda" traz a linguagem para a ponta da língua do instante.* Pois "o instante é este. O instante é de uma iminência que me tira o fôlego. O instante é em si mesmo iminente. Ao mesmo tempo que eu o vivo, lanço-me na sua passagem para o outro instante".[44] Assim, não se trata nem de um outro pensar, e nem de um não pensar. Está-se numa outra dimensão, a "quarta", a dimensão da iminência. Pois como escrever o sendo senão na linguagem da iminência, valendo-se de sua gramática de por um triz? Por um triz tudo; por um triz nada, sempre por acontecer, sempre por dizer, sempre por pensar. O que guia o escrever é "um senso de descoberta. Atrás do atrás do pensamento". Não a descoberta de algo que se acha adiante como uma coisa à espera de ser descoberta, mas a descoberta que se dá na escuta de um eco, um atrás do atrás sempre à frente de si mesmo, modificando pensamentos antigos, quando em lugar de "esperar o inesperado", lembrando a célebre formulação de Heráclito, descobre-se que a única coisa que espera cada um é o inesperado.[45]

Clarice escreve também que atrás do pensamento tem-se uma sensaçao, "atinge-se um estado",[46] que ela se recusa a dividir em palavras. Essa sensação também se escreve como um pensar-sentir, expressão que retorna várias vezes, não só em *Água viva*, às vezes também escrita como sentir-pensar,

---

44 *Água viva*, op. cit., p. 79.

45 Ibidem, p. 63, "E a única coisa que me espera é exatamente o inesperado".

46 Ibidem, p. 75.

expressões compartilhadas por Guimarães Rosa.[47] Nos manuscritos de *Água viva*, pode-se ver como Clarice não propriamente corrige a palavra pensamento substituindo-a por pensar-sentir, mas sobrepõe pensar-sentir a pensamento como se para anotar a expansão de seu sentido.

Dizer o ainda não ter palavras para dizer, pensar o ainda não ter pensamentos para pensar o ainda não ter *já* é, no entanto, ter palavras e pensamentos. Mas a coincidência de ainda não ter palavras e já ter palavras também difere dos pensamentos gnósticos, místicos e modernistas sobre o inefável e inominável, porque o que se escreve é o escrever sendo em ato e, assim, o ainda não que já é, o momentâneo do sendo tão difícil de ser alcançado. Clarice chama esse pensar-sentir de "liberdade", a liberdade como um "ato de percepção" só que de percepção do que "não possui forma". O sendo em ato é um abalo não apenas das formas conhecidas de percepção mas, sobretudo, da própria ideia e experiência de forma. O sendo em ato não tem forma, é informe, um informe que não tende para forma, que não está em vias de se formar. Como as ideias sobre o que é pensamento estão intrinsecamente ligadas à ideia de forma, a ponto de *forma* ter sido a palavra latina escolhida para traduzir a palavra grega *idea*, falar de pensamento ou ideia já é falar de *forma*. Pensar as coisas equivale, numa longa tradição, pensar a relação entre matéria e forma, entre conteúdo e forma. Quando o que se escreve é [o] sendo em ato, não mais se lida com a forma, tampouco com a visão dinâmica de uma formação e transformação das coisas. O sendo não é forma,

---

47 "...brasilidade é talvez um sentir-pensar". J.G. Rosa, "Diálogo com Günter Lorenz", in *Ficção Completa*, vol 1, Rio de Janeiro: Editora Nova Aguilar, 2 ed, 2009.

não se forma e não se transforma. Expõe o informe da matéria pulsante, ressonante, vibrante da vida se vivendo em tudo o que vive. Clarice escreve que pensar-sentir é "sem forma" no sentido de que "atinge seu objetivo no próprio ato de pensar",[48] abrindo mão inteiramente do pensamento autorado. Pensar-sentir é pensar em ato, é o pensar se pensando, é pensar-se, tremenda proximidade de um nada. Estar sendo é nada. Esse pensar-sentir ou sentir-pensar, o hífen que deixa sentir e pensar unidos sem mistura, como um móbile sempre em movimento no ar do estar sendo, comunica sem comunicar, comunica incomunicavelmente, pois o faz diretamente, como o tocar na noite das pálpebras fechadas, a respiração na densidade do ar. É quase sem palavras. Quase, pois o que estigmatiza a existência humana não é tanto ser atravessado pela palavra, ser seu dependente ou viciado, mas não poder não existir por um triz da palavra, no risco da palavra, no por dizer. O estigma humano é apenas falar no "sopro de vida".

Atrás do atrás do pensamento sopra *Um sopro de vida*. Esse último livro de Clarice, que ela descreve como "beijo no rosto do morto", é um livro do escrever sendo em tal proximidade do sendo que tudo é por um triz, tudo fica à flor da vida, toda palavra está na ponta da língua, acontecendo como um por-dizer. Autor e personagem, autor e Ângela, nome cuja etimologia diz anjo, não são meramente duas ficções e suas realidades. Clarice abala essa compreensão corriqueira ao perguntar: "Ângela é a minha fríngia? ou sou eu a fríngia de Ângela? Ângela é meu equívoco? Ângela é minha

---

48   Ibidem, p. 88.

variação?".⁴⁹ A essa pergunta sua resposta é precisa: O autor e Ângela são um "uno quebradiço".⁵⁰ São o "duplo diário" do sendo em ato existindo cada existência singular. São o "duplo" no sentido de um respiro-te que cada um respira. A escrita de Clarice expõe o espantoso desse uno quebradiço ao pensar "eu te respiro-te", e não apenas eu te respiro. O Autor e Ângela são o duplo, a dobra do mesmo ato, o sendo em ato, o é-se em cada é. São como os dois "lados" da voz média, dos verbos transitivos que se descortinam como verbos pronominais, dos verbos intransitivos espessados em transitividade direta: a vida vivendo cada vida, o existir-te, me, nos existindo, autor em Ângela, Ângela no autor. O uno do é-se quebra-se em é-se [em] mim, [em] ti, [em] nós, [em] cada um. Esse quebradiço é como uma dobradiça. N'*Um sopro de vida*, fica claro o "claro-escuro da criação", do escrever [o] sendo em ato, pois esse "duplo" de Autor e Ângela, de dois "personagens" que se escrevem no texto, dando corpo ao "abstrato" figurativo da realidade mais delicada e difícil, que é a de escrever o instante-já, sempre um sopro depois dele, tal eco ressonante. Como escrever [o] sendo em ato é um pensar-sentir em palavras o instante-já, acontece sempre num atraso quase imperceptível, tal uma síncope, que deixa entrever como "esse meu pensamento em palavras é precedido por uma instantânea visão, sem palavras, do pensamento – palavra que se seguirá, quase imediatamente – diferença espacial de menos de um milímetro".⁵¹ A experiência de pensar-sentir o instante-já se assemelha ao que

---

49 *Um sopro de vida*, op. cit., p. 51.
50 Ibidem, p. 59.
51 Ibidem, p. 18.

se costuma chamar de pós-imagem que, tal a cauda de um cometa, só é vista depois que passou. Ou, ainda, como a pós--escuta que marca o modo como se pode reconhecer uma linha melódica na sua totalidade, pois só depois de tocada ou cantada é que se consegue apreender toda a melodia. É a experiência de um começo começando, de um começo *sendo* começo, o que só se deixa entrever como começando porque faz aparecer, sincopadamente, o milímetro de seu antes, o seu pré-começo. É que o sendo do ato em ato só emerge "*après-coup*", como dizem os franceses, um sopro à frente de si mesmo, mostrando o invisível do pré-começo, do pré--pensamento. Pré-começo ou pré-pensamento não devem, porém, ser confundidos com intuição prévia ou motivação de fundo, com um pressuposto ou um *a priori,* porque são o surpreender o sendo em ato, a visibilidade claro-escura do estar acontecendo. A criação, como diz Clarice, é claro-escura. E "o pré-pensamento é o pré-instante", "o passado imediato do instante".[52] Pré-instante no instante mesmo e não num instante anterior que poderia ser separado e repartido numa linha de sucessão de instantes. E é esse pré-pensar, esse pré-instante, modos de dizer a elasticidade do instante sendo, que Clarice considera estar "ligado à minha muda inconsciência".[53] Assim, diverso de um vazamento ou transbordamento do inconsciente, vemos surgir a experiência da "criadora inconsciência" do instante sendo, da elasticidade de seu sopro. O autor quer pôr Ângela em palavras de pensamento e pensamentos de palavras, que, mais do que uma personagem, é o sendo em ato vindo à palavra, vindo

52 Ibidem, p. 18.
53 Ibidem, p. 18.

ao pensamento. Num dado momento, o autor escreve: "Ela vive as diversas fases de um fato ou de um pensamento, mas no mais fundo do seu interior é extra-situacional, e no ainda mais fundo e inalcançável existe sem palavras, e é só uma atmosfera indizível, intransmissível e inexorável. Livre das velharias científicas e filosóficas"[54]. Pois como Ângela mesmo escreve de si mesma: "Eu sou o atrás do pensamento". As várias "falas" de Ângela e seu "autor" buscam escrever como o escrever pensa, como certos pensamentos surgem ao escrever, e não como algo pensado anteriormente, e que depois encontra palavras para exprimir. São testemunhos da experiência mais insólita e extraordinária de, no ato mesmo de escrever, se pensar pensamentos que não poderiam ser pensados a não ser nesse ato. Aqui um pensa-se – cujo nome temporário é Ângela Pralini – pensa e faz o autor pensar. É como um "brotar-se em pensamento é muito excitante, sensual".[55] É possível que *Um sopro de vida* tenha explicado, pela primeira vez na história das ideias, o "excitante e sensual" de um pensamento. Pois o excitante e sensual não se refere ao conteúdo excitante e sensual de um pensamento, tampouco a uma linguagem excitante e sensual usada para descrever um pensamento. O que excita e sensualiza são os raros momentos em que [o] sendo em ato pensa de maneira que se *brota em pensamento*. Raros instantes em que se é um pensamento, e não apenas alguém que pensa pensamentos, um autor de pensamentos. Por isso, "pensamento tem que ser um sentir".[56] Atrás do pensamento, pré-pensamento, pensar-sentir

54 Ibidem, p. 18.
55 Ibidem, p. 80.
56 Ibidem, p. 81.

são variados modos de escrever o "ver tudo claríssimo e oco" que se dá quando o sendo em ato se "vê" sendo em ato. É como "pintar um quadro do quadro", que Ângela também confessa como seu ideal, pois aí se dá "o contato inexprimível com o Nada.[57]

*

A "filosofia" de Clarice se encontra "atrás do atrás do pensamento". Em cada um de seus livros e contos, em suas anotações e bilhetes reflexivos, o uso da palavra "pensamento" pode levar a vários caminhos. Ela insistia em se dizer uma escritora sem erudição, uma escritora que era "má leitora" e que lia pouco.[58] Claro que lia, que tinha uma biblioteca, não imensa, que contava com livros bem variados. Mas frisava que lia esporadicamente, "sem ter a orientação de ninguém"[59]. Importante para ela era distinguir-se do "intelectual", no sentido do erudito, do que lê para mostrar que lê. Preferia falar de intuição. Seu sentido de intuição aproximava-se de um entendimento literal do título de Bergson, "os dados imediatos da consciência", mas mesmo assim transmutado, pois "imediato" não significa o mesmo que o apenas "sentido", e sim a intuição enquanto o que se gruda e cola ao escrever.[60] Intuição como o que está se dando ao escrever e assim grudada e colada ao ato e nunca ao que é meramente fruído e usufruído como sensação. Clarice também liga intuição ao "pôr em palavras", à movimentação

57 Ibidem, p. 81
58 *Crônicas para jovens de escrita e vida*, op. cit., p. 39.
59 Ibidem, p. 39.
60 Ibidem, p. 27.

de jorro inerente ao "vir à palavra", ao "subir à tona". Certa vez, definiu intuição do seguinte modo: "Só a intuição toca na verdade sem precisar nem de conteúdo nem de forma. A intuição é a funda reflexão inconsciente que prescinde de forma enquanto ela própria, antes de subir à tona, se trabalha." Intuição é um outro termo para indicar a matéria informe do sendo em ato vindo à "visão".

Quando Clarice fala do atrás do atrás do pensamento e propõe a expressão pensar-sentir, sempre grafada com hífen, assinalando a tensão em movimento entre pensar e sentir, ela faz aparecer um certo tipo de emoção, que poderíamos chamar de *emoção do pensar em ato*. Dá-se uma emoção quando o sendo em ato se surpreende brotando em pensamento. Nisso veem-se abalados muitos séculos de "velharias científicas e filosóficas" tentando pensar a diferença, a interferência e a conivência entre pensamentos e sentimentos. A "filosofia" de Clarice não é uma filosofia de pensamentos, tampouco de sentimentos, mas um pegar em flagrante o brotar-se em pensamento. É uma filosofia do pensar em ato, do ato de pensar se surpreendendo. Paul Valéry talvez seja o escritor mais próximo dessa poética do pensar – guardando o sentido etimológico de poética como fazer[61] –, tão presente na obra de Clarice. Numa matéria publicada no *Jornal do Brasil* em 15 de dezembro de 1977, poucos dias depois de sua morte, citou-se uma declaração sua fazendo referência a Valéry: "Eu creio na inspiração e creio no trabalho. Paul Valéry disse que os dois primeiros versos são dados pelos deuses e o resto é trabalho humano. Às vezes acordo no meio da noite com uma frase na cabeça, levanto-me, anoto-a e volto a dormir.

61 As palavras "poesia" e "poética" vêm do grego *poiesis*, substantivo formado do verbo *poieo*, que significa *fazer*.

Carlos Drummond de Andrade me disse uma vez que Manuel Bandeira não sei se escreveu ou disse que até para atravessar a rua no momento certo era preciso inspiração".[62] É possível que Clarice nunca tenha atentado para como a sua poética do pensar, o surpreender [o] sendo em ato, a deixava muito próxima de Valéry. Mas nessa declaração em que reconhece a afinidade com Valéry, Drummond e Bandeira, no que concerne à experiência do ato criador como trabalho espesso de uma inspiração, o decisivo é a visão do "momento certo", da precisão do efêmero que constitui o sendo em ato se vendo em ato. É aqui que Clarice e Valéry se comunicam mais densamente. Essa aproximação é apenas para indicar como a "filosofia" de Clarice [e de Valéry] é poética. Não por se dizer poeticamente, por buscar uma proximidade com a poesia e a literatura dita mais poética, mas por estar inteiramente concentrada em ver, isto é, pensar-sentir o sendo em ato, o fazer do fazer, a poética do poético. Clarice chegou a chamar o pensar-sentir o sendo de "sentimento constante", que nega o pensamento não o suprimindo, mas colocando-o em parênteses, pois é o sentimento ininterrupto que "não conduz a nada e de repente aquilo que se pensou que era 'nada' era o próprio assustador contato com a tessitura de viver".[63]

62 "Clarice, pela última vez", por Nevinha Pinheiro. *Jornal do Brasil*, Rio de Janeiro, 15 dez. 1977.

63 "O processo de escrever é feito de erros – a maioria essenciais – de coragem e preguiça, desespero e esperança, de vegetativa atenção, de sentimento constante (não pensamento) que não conduz a nada e de repente aquilo que se pensou que era "nada" era o próprio assustador contato com a tessitura de viver – e esse instante de reconhecimento, esse mergulhar anônimo, esse instante de reconhecimento (igual a uma revelação) precisa ser recebido com a maior inocência, com a inocência de que se é feito." "Submissão ao processo", in *Para não esquecer,* Rio de Janeiro: Rocco, 1999.

A CRIADORA INCONSCIÊNCIA DO MUNDO

"Repare que não menciono minhas impressões emotivas: lucidamente falo de algumas das milhares de coisas e pessoas das quais tomo conta. Também não se trata de emprego pois dinheiro não ganho por isto. Fico apenas sabendo como é o mundo."[1] Nessa passagem de *Água viva*, Clarice diz, com toda lucidez, que sua "literatura" não é menção de "impressões emotivas". É um tomar conta de algumas das milhares de coisas e pessoas enquanto modo de saber do mundo. Sua dura escritura, fincada na "vegetativa atenção" do sendo em ato não fala de impressões subjetivas, não descreve estados emocionais, mas toma conta do mundo. Também não diz dar-se conta do mundo, levar em conta o mundo ou pensar o mundo. Diz "tomar conta", o que significa cuidar do mundo, encarregando-se e se responsabilizando. Esse tomar conta do mundo não se parece, contudo, com uma aproximação literária da coisa social. Numa anotação a respeito da relação entre literatura e justiça, Clarice "confessa" que não consegue usar a escrita para se aproximar do fato social. Ela insiste não poder clamar literariamente pela justiça porque, para ela, o sentimento de justiça é algo que não precisa ser buscado, por ser um fato inexorável, nada de surpreender e nada a ser buscado, pois já está dado. Não há o que se discutir ou provar: é óbvio que é preciso haver justiça e que a necessidade da justiça é incondicional. O que surpreende é o fato de esse sentimento não ser igualmente óbvio para todos, e que alguns sintam que ele precisa ser ainda buscado, e sobretudo, justificado. Em lugar de reclamar de sua literatura, um engajamento, Clarice reclama de não fazer mais, de "não contribuir com ações", de não se sentir capaz de lutar no modo político.

1 *Água viva*, op. cit., p. 67.

Algumas de suas crônicas, publicadas durante os anos da ditadura, são engajadas, mesmo que falem baixinho. Alguns de seus estudiosos encontram na sua participação da passeata dos cem mil, não obstante, uma ação. E, decerto, tanto o seu contar-refletir a morte do "fascínora" Mineirinho quanto o seu livro da Macabéa, a *Hora da estrela*, podem ser lidos como ações literárias engajadas, mais histórias que estórias, acontecendo "em estado de emergência e de calamidade pública". São obras lutando mais pela lucidez do que chamou de "justiça prévia", "uma justiça que se olhasse a si própria"[2] do que por uma busca de justiça por vir. Tampouco se trata de exprimir à maneira kantiana o *a priori* de toda busca de justiça, mas o ponto cego da justiça, aquele em que a justiça ou bem deixa de se ver ou bem consegue, por uma vez, olhar para si mesma. Pois quando a justiça olha para si mesma, talvez consiga ver "que nós todos, lama viva, somos escuros, e por isso nem mesmo a maldade de um homem pode ser entregue à maldade de outro homem: para que este não possa cometer livre e aprovadamente um crime de fuzilamento",[3] o crime legal e acatado de matar a maldade com a maldade de matar e assim reforçá-la, fincá-la ainda mais nos corpos da vida. Como bem sabido, *A hora da estrela* abre não com um sumário de capítulos, mas com o acervo dos vários títulos cogitados. Citando os títulos elencados por Clarice em versos, teríamos todo o livro escrito num só poema:

---

2   "O mineirinho", in *Todos os contos*. Rio de Janeiro: Rocco, 2016, p. 390.
3   Ibidem.

"a culpa é minha
ou
a hora da estrela
ou
ela que se arranje
ou
o direito ao grito
ou
quanto ao futuro
ou
lamento de um blue
ou
ela não sabe gritar
ou
uma sensaçao de perda
ou
assovio no vento escuro
ou
eu não posso fazer nada
ou
registro dos fatos antecedentes
ou
história lacrimogênica de corde
ou
saída discreta pela porta dos fundos."

A hora da estrela escreve como assovio no vento escuro o escrever de "a culpa é minha" e "eu não posso fazer nada". Sem dúvida, haveria ainda muito o que dizer sobre o modo como Clarice vê, isto é, escreve pensando e pensa escrevendo a relação entre literatura e justiça – social e existencial – em sua dura escritura. Mas a questão aqui é o sentido de mundo em Clarice. Pois mundo não é apenas o conjunto de fatos sociais. Sem dúvida, os sentidos de mundo são variados tanto por serem múltiplos como por se alterarem com o tempo e a história. Do sentido cosmológico de mundo, que predomina nas culturas arcaicas e ancestrais, o mundo sideral, ao sentido de mundo contraído em mundo humano dos fatos sociais, do mundo como continente de todas as formas de vida possíveis e impossíveis, minerais e animais, divinas e mortais ao mundo das terras humanas e desumanas, pode-se reconhecer uma mutação dos sentidos de mundo. Se ao mundo, entendido cosmológica ou antropologicamente como *cosmos* ou *mundus*, e até *imundus*, deve-se atribuir uma vida e dizer que "o mundo vive então" deve-se também admitir que, assim como toda vida se contrai – já que a vida dói até para dar nascimento à alegria –, também o mundo se contrai. Hoje, mundo significa a *urbi et orbi* dos homens; o mundo em luta contra si mesmo e contra o cosmo. Se para Clarice o mundo não é o mundo contraído no humano e reduzido ao conjunto dos fatos sociais, se o mundo de Clarice não equivale a uma visão sociológica ou antropológica do mundo, e ainda menos a uma visão antropocêntrica, o mundo não é tampouco o holismo de um sentido astral. Para Clarice, mundo não é nem cosmo divino nem mundo humano, mesmo que (como em todo raciocínio baseado numa estrutura "nem...nem....") esteja continuamente tocando em ambos como um hífen ou, na correção gramatical de nosso hoje automático, como um traço de união. Mundo é a tensão entre um e outro, que liga inexoravelmente cada coisa e existência a outra e a todas as outras. Mundo para Clarice é o ir e vir de um a outro, de uns a outros dos milhares modos de existir, é o estar acontecendo das relações até das não-relações e das anti-relações. O mundo de Clarice é o estar acontecendo do acontecer, que, por dificuldade de dizer, a linguagem chama de "todo". Todo mundo, mundo todo, "o" mundo é "o" sendo em ato.

Como [o] escrever [o] sendo em ato sabe como é o mundo? O mundo se sabe quando se toma conta do mundo escrevendo, falando "lucidamente" de algumas das milhares de coisas e pessoas e seus mundos. Na passagem anteriormente mencionada de *Água viva*, lemos como esse escrever toma conta do mundo e assim sabe como ele é. Ele o faz quando "obriga-me a me lembrar do rosto inexpressivo e por isso assustado da mulher que vi na rua", quando "tomei em criança conta de uma fileira de formigas",[4] mostrando como elas "são elas", tendo muita paciência, pois "tenho que esperar pelo dia que me apareça uma formiga. Paciência: observar as flores imperceptivelmente e lentamente se abrindo".[5] Tomar conta é ver "se o céu de noite está estrelado e azul-marinho",[6] observar "o menino de uns dez anos, vestido de trapos e magérrimo. Terá futura tuberculose, se é que já não tem" é também sonhar: "tomo conta dos milhares de favelados pelas encostas acima".[7] É um tomar conta sem ter a quem prestar contas.[8] Prestar atenção, observar, lembrar, sonhar, ver e olhar são exercícios de atenção e práticas de responsabilidade por tudo o que existe. Esses exercícios e práticas do olhar podem soar bonito e tocar o coração de uma humanidade muito desacostumada a ações tão inativas e pacientes como observar e olhar, quando mais

4 *Água viva*, op. cit, p. 68.
5 Ibidem, p. 67.
6 Essa mesma passagem de *Água viva* faz parte de um crônica de 4 de março 1970, intitulada "Eu tomo conta do mundo", in *A descoberta do mundo,* op. cit., p. 275-276.
7 *Água viva*, op. cit, p. 67.
8 Ibidem, p. 68.

vive ainda mais vidrada nas telas da produção contínua; podem soar sempre ainda como atividades "alienadas", atividades dos "sonsos essenciais"[9] que somos, pois não agem no mundo, modificando-o "realmente". E o mundo, nosso mundo, nunca gritou tanto como hoje por mudança, a começar pelo próprio sentido de mundo. Nunca pareceu tão urgente reconstruir e reinventar o mundo e seus múltiplos mundos. Afinal estamos vivendo senão o fim do mundo, decerto o fim de um mundo e dos muitos mundos de cada um. Vivemos o tempo de uma mutação de mundo que parece ter retirado do homem a sua capacidade de agir sobre o mundo. Mas, se esses verbos da atenção pelos quais Clarice toma conta do mundo parecem não mudar nada no mundo ou somente fazer apelo aos sentimentos particulares e individuais de quem ainda sente como desastre os desastres do mundo, descortinando um certo "consolo" para quem não mais encontra solo no mundo, é porque pouco se presta atenção em como essa "responsabilidade por tudo que existe", até "pelo Deus", muda o nada do mundo. A dura escritura de Clarice toma conta do quase nada do mundo, dos mundos do que é quase nada, a Macabéa – quase nada – do existir sendo em ato.

"Por que eu não posso mudar o mundo?" Essa pergunta pertence a uma letra de música tcheca que lemos citada em *Uma aprendizagem ou O livro dos prazeres.*[10] Por que não posso, como posso mudar o mundo? Essas e tantas outras

9   "O mineirinho", op. cit, p. 387.
10 O poeta dessa canção tcheca, chamada "Voz longínqua", é Zdenek Rytur e o compositor, Karel Svoboda; o último aparece como personagem no *Livro de Praga,* de Sergio Sant'anna (São Paulo: Companhia das Letras, 2011).

perguntas similares partem da distância entre eu e mundo. Há algo muito misterioso no modo como nos damos conta de que há mundo, de que o mundo existe. Fala-se do mundo das coisas e do mundo de cada um; de mundo interior e mundo exterior. Admite-se, sem pestanejar, que o mundo é o conjunto de todas as coisas, mas também que é maior do que essa soma. Mundo é outra palavra para dizer o todo e tudo, o grande e aberto. Quando se diz "tem um mundo de gente aqui", diz-se que tem muita gente, um muito difícil de contar. Mundo é até mais do que o muito. Mas se o muito é o continente de todas as coisas existentes, ele nunca pode ser percebido ou sabido como se percebem e se sabem as coisas que existem. Não se toca o mundo como se tocam as coisas. Mundo aparece como uma coisa que não é coisa, que ultrapassa ou nunca alcança o teor de coisa, embora seja tão coisa que foi de há muito considerado o oposto de tudo que é imaterial e incorpóreo. O mundo é mundano, território da imanência, como tematizaram tantos filósofos, de Spinoza a Deleuze – lugar dos imundos e imundícies da dor da vida, e assim do que algumas religiões buscaram salvar a vida humana. Se não se toca o mundo como se toca uma coisa existente; o mundo inegavelmente nos toca. E nos toca com tamanha força que pode nos destruir. O sentido de mundo fica misturado, assim, com o de história, de acontecimentos e fatos que açambarcam muitos e todos, expondo-se como o que é comum. Mundo mundano é mundo comum não só na acepção de banal, mas sobretudo de público, compartilhado por muitos e todos ao mesmo tempo. Quando Clarice escreve em "estado de emergência e calamidade pública"[11]

11 *A hora da estrela*, op. cit., p. 9

é porque sente o mundo invadir feito ventania que faz voar pelos ares sua casa fraca. "E continuo a morar na casa fraca. Essa casa, cuja porta protetora eu tranco tão bem, essa casa não resistirá à primeira ventania que fará voar pelos ares uma porta trancada".[12] Há momentos do mundo em que o mundo se torna ele mesmo um momento de tamanha violência que faz explodir as portas trancadas. O mundo não só nos toca como nos invade e abala. *Talvez existir humanamente seja o modo de existir como abalados de mundo, o que explica o medo do mundo.* Talvez o medo do mundo não seja tanto medo do que existe no mundo e nem mesmo do grande inalcançável do mundo, e sim do modo como ele abala o existir. O que o mundo abala é, sobretudo, o estar existindo, e por isso ele – sempre invisivelmente o mais visível – pode abalar a tal ponto que deslancha ações tremendas, tanto destruidoras quanto criadoras.

Mas é sempre de espantar a diferença ou a distinção entre um "eu" e um mundo. Espanta pelo simples fato de não existir um eu fora de um mundo, como coisa alguma pode existir fora de sua dimensão ou de seu elemento, um pássaro sem ar, um peixe sem água, um homem sem mundo. Com isso se diz tanto que cada coisa e cada existência é esse "cada um" desde um mundo e também que a singularidade única de cada um remete a todas as demais singularidades, isto é, ao mundo. Assim é o mistério mesmo do singular, esse "cada um" a "cada vez" incomparável e irredutível a

---

12 "E continuo a morar na casa fraca. Essa casa, cuja porta protetora eu tranco tão bem, essa casa não resistirá à primeira ventania que fará voar pelos ares uma porta trancada. Mas ela está de pé, e Mineirinho viveu por mim a raiva, enquanto eu tive calma.", cf. "O mineirinho", op. cit., p. 388.

outra coisa, mas necessariamente sempre remetendo a outra coisa e a todas as outras coisas, que descortina o mundo como mundo, tanto por "ser-no-mundo" como por ser para o mundo. É-se no mundo sendo para o mundo como se é no ar, na água, na terra, no céu sendo para o ar, a água, a terra, o céu. Na diferença entre "eu" e o "mundo", entre o "cada um" a "cada vez" e o "todo", toca-se o mistério do modo como o existir existe, como ser é-se. É-se sendo cada modo de ser. Clarice está sempre escrevendo esse mistério. Escreve a dificuldade humana de receber esse mistério pois em questão está o encontro entre dois mistérios, o mistério do incomensurável encontrando o mistério do que e de quem só pode viver o pouco, a medida do singular. "A grandeza do mundo me encolhe."[13] O homem não é a medida de todas as coisas, mas o que está sempre sendo medido pelo estar sendo que atravessa cada coisa enviando umas às outras. Há um mistério incompreensível, que é aquele de como o aberto da vida no mundo estreita-se no "cada um", a "cada vez", um estreito e apertado que, na língua latina, se diz com a palavra *angustus*, angústia. É o mistério do sendo estar sendo em cada um. Clarice pensa "medialmente", na acepção gramatical do termo, pois a diferença entre eu e mundo diz a elasticidade da dobra ou "uno quebradiço" do mesmo mistério, a dobra que se expõe como o encontro de dois mistérios: o mistério do mundo grande e aberto e o mistério da existência singular, estreita e apertada. Pode ser "o mundo com sua impessoalidade soberba *versus* minha individualidade como pessoas, mas seremos um só".[14]

13   *A paixão segundo G. H.*, op. cit., p. 13.

14   *Uma aprendizagem ou O livro dos prazeres,* op. cit., p. 86.

"Ter sido criado" como vida incompreensível para o incompreensível do mundo é como Clarice descreve esse mesmo mistério desdobrando-se e, assim, em que sentido o homem é no mundo. Homem é no mundo enquanto conexão entre dois mistérios, o do mundo e o nosso, uma conexão que não é clara, ela insiste, "enquanto quisermos entendê-la".[15] Enquanto dois mistérios são dois incognoscíveis e sua conexão não pode ser pela via do saber e da compreensão, mas somente numa entrega cheia de confiança, como quem anda na noite sem medo da noite animal.

Isso significa que o mundo não é algo sobre o qual se possa adquirir um saber de sua essência. Não é possível saber o que é o mundo. Mas todo saber só pode começar com base no reconhecimento de que há mundo, de que mundo é. Há uma diferença crucial entre saber *o que* é o mundo e saber *que* o mundo é e *como* o mundo é um mundo. É uma luta agônica entre o definido e o indefinido, o mundo e um mundo, o mundo sendo, nada mais do que plurificação de mundos. O mundo é de modos muito estranhos. Ele é nos antecedendo a cada passo,[16] não como uma sombra que acompanha o corpo de cada coisa, mas como uma iminência incontrolável. O mundo grande e aberto assusta de forma bem diversa de um deserto a ser atravessado sem bússola. Também não apavora porque os acontecimentos do mundo ultrapassariam a nossa capacidade de compreender e agir sobre ele. Tudo o que acontece pode ser compreendido, mas o que não se deixa compreender nos moldes da compreensão é como acontece o acontecer e como esse acontecer

15 Ibidem, p. 29.
16 *A maçã no escuro*, op. cit., p. 41.

acontece em tudo o que é. E ainda mais misterioso do que o fato de o mundo estar sempre acontecendo é como "estar acontecendo" talvez seja o único sentido de mundo. Por isso, mundo não é, para Clarice, uma totalidade; o mundo *são* todas as milhares de coisas e pessoas, *são* "lonjuras e repercussões",[17] se dizendo numa concordância insólita e equivocada para os critérios da gramática do dever ser. Mas o mundo se mostra como o estar acontecendo, sempre a partir dos seus súbitos, pois é sempre desde um súbito que o acontecer se flagra acontecendo. E isso é sem qualquer dever e sem dever nada a ninguém. O mundo não surge, aqui, como algo total, mas como uma inteireza, a inteireza de estar acontecendo. E é "o não compreender [que] estava de súbito lhe dando o mundo inteiro".[18] Pois o que se está dando é um quase nada, o nada do por acontecer sempre já acontecendo. Só que o surgimento do já sempre, o já sempre surgir do já sempre estar acontecendo mundo, precisa ser acolhido, e esse acolhimento não é fácil; requer a vida toda. O desespero do mundo hoje é achar que perdeu a esperança de um outro mundo. Seja de um outro mundo depois da morte neste mundo – o que equivale à busca de uma transcendência do mundo, de uma salvação e redenção do mundo – seja um outro mundo dentro do mundo, a imanência do mundo como fonte e destino de sua revolução e transformação. O mundo hoje aparece sem transcendência e afogado numa imanência asfixiante. A mutação do mundo que hoje se confirma em todo mundo está associada a essa perda da esperança de uma transformação, de encontrar uma saída e um fim do cerco do fim e

17   Ibidem, p. 132.

18   Ibidem, p. 31.

das finalidades sem nenhuma finalidade, quando o homem faz a experiência de não mais poder se afirmar como sujeito do mundo. Hoje, a técnica é o grande sujeito dos acontecimentos do mundo e o homem reúne o resto de suas forças humanas, desumanas e sobre-humanas para assenhorar-se da sua sujeição a esse sujeito pós-humano do mundo. A perda da esperança, os esforços para vislumbrar horizontes e palavras do possível se sustentam na certeza de que o mundo é a soma dos acontecimentos do mundo. Mas quando a palavra *mundo* escreve o estar acontecendo do acontecer e não os seus acontecimentos, não faz mais sentido construir esperanças ou sofrer por falta de esperança. Toda a pauta das decepções e desilusões do mundo se altera. E o mundo – isto é, o estar acontecendo do acontecer torna-se uma pergunta. É o mundo inteiro que passa a esperar de nós a esperança.[19] Só um afinar da existência à atonalidade do estar acontecendo se surpreendendo no seu acontecer pode fazer da existência humana uma esperança esperada pelo mundo inteiro. Assim, tampouco é questão poder amar ou não o mundo, e sim descobrir um novo modo de amar.[20]

Escrever [o] sendo em ato é acolher e atender a esse apelo do mundo inteiro. Quando o mundo abala as convicções de que mundo é a soma total dos acontecimentos e se conjuga como sendo em ato, conjugação ainda mais enfática do que a conhecida fórmula proposta por Heidegger de que o mundo não é isso ou aquilo, mas o mundo mundaniza (*die Welt weltet*), assim como o raio raia, o mundo emerge como

---

19 Ibidem, p. 202.
20 Ibidem, p. 204.

um tremor nas mãos: "o mundo treme nas minhas mãos".[21]
O que acontece é um acontecer-se que inaugura não propriamente uma nova linguagem, mas a escrita de como o estar acontecendo – esse tremor chamado mundo – fala. "Fatos são palavras ditas pelo mundo",[22] o que em Clarice só faz sentido quando não se esquece que fato é o ato em ato. E a língua do ato em ato só pode falar o acontecer-se em cada coisa que acontece. "Deixo-me acontecer."[23] A estranheza áspera dessa língua, que fala por chispas e relâmpagos, provoca facilmente um "Não gosto do que acabo de escrever"[24]. Clarice não escreve, "não gosto do que escrevo", mas do que "acabo de escrever". Acabar de fazer é ainda estar fazendo, mas um milímetro à frente dele, como estar por um triz de fazer é já estar fazendo, apenas um milímetro antes. "Não gosto do que acabo de escrever – mas sou obrigada a aceitar o trecho todo porque ele me aconteceu." Clarice não diz tampouco por que aconteceu assim, mas "ele me aconteceu", forma explicitada imediatamente depois ao escrever "E respeito muito o que eu me aconteço".[25] Rascante diferença dizer "o que eu me aconteço" e não "respeito muito o que acontece em mim ou para mim". Isso porque estar acontecendo está acontecendo em mim como se fosse algo que acontece sem nenhum conteúdo ou significação de algo substancial, a não ser o seu ato. É o ato de estar sendo que atua e acontece em cada um, a cada vez, atravessando o

21 *Água viva,* op. cit., p. 28.
22 *A hora da estrela,* op. cit., p. 71.
23 *Água viva,* p. 39.
24 Ibidem, p. 42-43.
25 Ibidem, p. 43.

orifício de cada hora de um existir, constituindo a essência "inconsciente de si própria" em cada um. Não se trata de uma subjetividade no mundo, mas do instante-centelha em que se dá conta de que se é mundo, ou melhor, de que mundo é-se em cada um, um contínuo sendo e acontecendo. Interromper a predicação e a definição de mundo – é isso ou aquilo – devolvendo o mundo ao acontecer do próprio acontecer é liberá-lo de modelos e paradigmas, de causas e finalidades. É, sobretudo, liberá-lo de um sentido de ordem visível. *Mundo* é sem planejamento, sem anterioridade de um cálculo de sentido e destino. Por ser o estar acontecendo, o mundo não conhece protótipos ou imagem acabada. Seu tempo é um gerúndio extensivamente intenso. Sem imagem ou forma, isto é, sem os atributos de uma ordem apreensível, compreensível e contável, o mundo mostra-se como voz. Clarice escreve que segue "a voz do mundo, eu mesma de súbito com voz única"[26]. "Eu mesma" surge, então, como súbito de uma voz na voz do mundo, voz em eco dimensionando a grandeza aberta dele. Desse modo, torna-se possível fazer a experiência de si mesmo como nada além de um "coração batendo no mundo"[27], pois o que é o coração senão um animal dentro do animal da vida? Em alguns momentos, mundo encontra nessa dura escrita modos de se enunciar. Assim, é possível ler "O mundo: um emaranhado de fios teleféricos em eriçamento. E a luminosidade no entanto obscura: esta sou eu diante do mundo".[28] Ele não se enuncia no modo

---

26 Ibidem, p. 39.
27 Ibidem, p. 48.
28 Ibidem, p. 39, a mesma imagem aparece um *A paixão segundo G. H*, "mundo eriçado em antenas", p. 15.

comum de uma definição, o modo predicativo pelo qual um sujeito se liga a um predicado mediante o uso do verbo ser tomado como verbo de ligação – por exemplo, ao se dizer, "mundo *é* ordem"; "mundo *é* um estado de coisas". Clarice escreve "O mundo: ", dois pontos, que marcam uma respiração, uma pausa ofegante diante do mundo inteiro. E nessa pausa rápida e ofegante de uma tomada de fôlego, tomada de atenção, aparece "um emaranhado de fios teleféricos em eriçamento", um emaranhado de fios, linhas múltiplas e plurificadas entrançadas de maneira a lançarem-se ao longe, como o faz cada linha de um desenho traçando o seu traçar. Mas no meio desse desenho de fios teleféricos emaranhados surge uma luminosidade obscura, um eu diante do mundo, um eu diante do seu dentro do mundo, o eu diante do estar sendo mundo como o saltar aos olhos do estar sendo no meio de estar sendo. Mundo não é isso ou aquilo, e nem sequer não-isso ou não-aquilo. Enquanto acontecer em ato, o mundo é refratário a uma imagem, a uma visão ou a uma concepção de mundo. Buscar uma imagem, visão ou concepção de mundo é fixar o estar sendo em feitos, é esvaziar o ato do fato do mundo, submetendo-o à ordem do visível, apreensível, controlável. "O mundo não tem ordem visível e eu só tenho a ordem da respiração. Deixo-me acontecer." [29] Por isso, Clarice escreve "o mundo:" dois-pontos, "dois pontos à espera",[30] como ela bem esclarece o seu uso tão frequente de dois-pontos; não à espera de alguma coisa, mas os dois-pontos que marcam simplesmente o "à espera" de

29 Ibidem, p. 39.
30 Ibidem, p. 86: "É como se a vida dissesse o seguinte: e simplesmente não houvesse o seguinte. Só os dois pontos à espera."

uma tomada de fôlego, de um re-aspirar. Pois o que é respirar senão re-aspirar? Assim como a respiração tem a ensinar sobre o sentido de espera que não se deixa enredar e ludibriar pelas astúcias da esperança.

É digno de nota como as representações de mundo estão sempre atadas a narrativas da esperança, que são artimanhas para projetar num futuro as ações e, assim, desviar o olhar dos traços e linhas do estar sendo. Cabe também lembrar que, tanto nas cosmologias míticas de povos que ainda colocavam ouvidos no chão da terra para escutar o longe como nas narrativas históricas dos povos modernizados pela vontade de poder controlar a vida dos homens e da natureza, cada vez mais longínqua, a palavra *mundo* se pronuncia e se escreve junto com duas outras palavras poderosas: Deus e coisa. Fala-se de mundo como criação divina, obra de um deus artesão divino, ou então como sendo ele o criador dos deuses. Mundo como criador ou criação, obra de surgimento no surgir de suas obras, teosofia ou demonologia, uma cena, livro ou jogo dos acontecimentos de vida e morte da vida e da morte. Mas sempre a ideia de que, enquanto o que foi formado antes de todas as formas, o mundo é a matriz das formas, espécie de forma ou arqui-forma para formas possíveis, por ser imagem e semelhança da forma de todas as formas e que, numa longa tradição civilizatória, recebeu o nome de Deus. Talvez o mundo tenha algo a ver com a formação, e, se tiver, assemelha-se ao estar escrevendo, quando se anota "o que estou escrevendo é música no ar. A formação do mundo". Ela não escreve "o que escrevo" ou "minha escrita" forma ou cria um mundo. Diz "o que estou escrevendo" é música no ar", ponto, "A formação do mundo". No ritmo insubordinado dessa parataxe, estar escrevendo não forma ou cria mundos.

N'*A paixão segundo G. H.*, encontra-se uma afirmação que pode ser tomada como a marca da relação entre estar escrevendo e mundo: "eu cito o mundo, eu o citava".³¹ Citar o mundo abala as analogias sempre recorrentes entre criação de mundo e autoria artística, seja como criação *ex nihilo* ou criação contínua. N'*A paixão* se explicita tanto a distinção entre um deus criador de mundo e um autor citador de mundo quanto o próprio desse citar quando se está escrevendo o sendo em ato. Citar é recitar, no sentido sobretudo musical de um recitativo, como os recitativos das *Paixões* de Bach. Tampouco apenas porque se pareça com música soando, e sim por tocar no enigma do sendo, temporalidade louca de um prolongar-se ao retrair-se de um retraimento ao prolongar-se. É que o sendo em ato não expõe mais nenhuma fenomenologia do tempo ou alguma consciência interna do tempo ou ainda alguma vivência do tempo temporalizando-se. O que o sendo expõe é a física do súbito e iminente, como "pouco a pouco se aproxima o que vai ser. O que vai ser já é. O futuro é para frente e para trás e para os lados. O futuro é o que sempre existiu e sempre existirá. Mesmo que seja abolido o Tempo? O que estou escrevendo não é para se ler – é para se ser".³² O que estou escrevendo – que é o estar escrevendo – é para ser, e é isso que expõe o enigma, que só se explica repetindo-se em outro enigma,³³ de um já estar sempre sendo, do que fica ao passar, síncopes percussivas, um afastando-se do afastar que aproxima do aproximar. O por acontecer que já aconteceu. O por ser e dizer que já é e se diz nesse por ser e dizer.

---

31   *A paixão segundo G. H.*, op. cit., p. 23.
32   *Água viva*, op. cit., p. 33.
33   *A paixão segundo G. H.*, op. cit., p. 134.

Mundo é uma respiração contínua, que nada mais é do que uma re-aspiração. Só que chamamos de silêncio a respiração do mundo que ouvimos,[34] pois não sabemos dizer bem o que ouvimos. Por isso, também não é possível ver o mundo, deparar-se com o mundo como as coisas podem ser vistas e como é possível deparar-se com as coisas. "O" mundo, esse definido mais indefinido, só pode ser entrevisto, visto entre as coisas do mundo, como o que só se vê de soslaio porque está sempre passando – o sendo –, feito o traçado anamórfico de um olho olhando, que Leonardo da Vinci ilustrou pela primeira vez ao traçar o passar pelo olho das coisas.

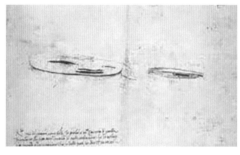

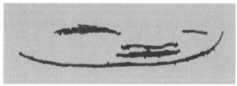

Figura 5. Leonardo da Vinci; Anamorfose: Estudo do Olho; à esquerda, face juvenil, do Codex Atlanticus; ca. 1478–1518; Milão, Biblioteca Ambrosiana; fol. 98r.

---

34 *A paixão segundo G. H.*, op. cit., p. 74.

Mundo só se deixa entrever como o passar das inúmeras coisas que sobrevêm todo tempo o existir apertado e estreito do singular, que, não dando conta de absorvê-lo num olhar ou numa impressão, o reencontra na forma de sonho e imagem onírica. O mundo se dá sempre subitamente, pois é sempre de repente que se dá conta de que há mundo, simplesmente porque o mundo é o estar acontecendo da existência. Platão e Aristóteles atribuíram o começo da filosofia a um espanto, pelo qual o olhar se desvia do dado para voltar-se para a ideia, o fundamento, a finalidade da totalidade de tudo o que existe. Existencialistas modernos, no empenho de revirar o rosto, dando costas para o mundo de volta para o mundo, encontraram na angústia, que é vida apertada no peito, a condição para se olhar o mundo como dado inalienável de toda ideia e conceito. O que inúmeras descrições sempre insatisfatórias do começo de um olhar do todo, seja um todo para além do mundo, seja um todo dentro do mundo, parecem esquecer e relegar como secundário é o *súbito* ele mesmo: o súbito como o que se dá subitamente, e assim dá o mundo como visão subitamente dada do súbito. Por isso, todo um mundo escapole quando não se toma cuidado. O mundo se mostra como tal sempre por um triz, ou seja, na iminência de se perder o mundo. Não é de estranhar que ele parece só conseguir virar tema e questão sob a perspectiva de seu fim, esta que propõe como pergunta do mundo a pergunta de seu começo e recomeço. O súbito do mundo é súbito por aparecer e desaparecer quase que ao mesmo tempo, um quase tão rápido como uma centelha da alma. É o que também mostra como "a verdade do mundo, porém, é impalpável"[35] e como qualquer tentativa de apreender o mundo é colocar o seu tremor nas mãos, feito um passarinho na meia concha da mão.

Nesse súbito em que se entrevê o mundo como um súbito "eriçado em antenas", não se vê o mundo, e sim se é visto por ele. O grande susto do mundo é o susto de o mundo nos olhar, é de ver o ser visto, de olhar o ser olhado pelo mundo. É ver essa tremenda atualidade recíproca. "E se a pessoa vê essa atualidade, ela se queima como se visse o Deus. A vida pré-humana divina é de uma atualidade que queima".[36] Aqui também escrever [o] sendo em ato abala os hábitos de ver, que são os hábitos de ver sem ser visto, de ver sempre de maneira desatual e desatualizada. O que em tantas místicas já foi chamado de visão de Deus e visão mística, o que tantas religiões já descreveram como olho de Deus – este onividente que aterroriza como visão panótica de um controle absoluto de tudo em todos e de todos em tudo – escreve-se aqui como visão da vida pré-humana divina, visão do que antecede e sucede, sempre por um milímetro, a vida humana, e que Clarice chama o Deus. "O" Deus, como se escreve "o" mundo. Em *Uma aprendizagem ou O livro dos prazeres*, Ulisses pergunta a Lóri: "Mas eu queria saber por que você, em vez de chamar Deus, como todo mundo, chama o Deus?" "– Por que Deus é um substantivo. – É a professora primária que está falando. – Não, Ele é substantivo como substância. Não existe um único adjetivo para o Deus. 'Vós sois deuses.' Mas éramos deuses com adjetivos."[37]

35 *Água viva*, op. cit., p. 84.
36 Ibidem, p. 76.
37 *Uma aprendizagem*, op. cit., p. 130.

Sim, por toda sua obra lemos "o Deus", "Matéria do deus", "quero o Deus", "É um nada que é o Deus – e que não tem gosto",³⁸ "profundo abismo do Deus",³⁹ "tamanho-grandeza do Deus".⁴⁰ Na presumida teologia mística de Clarice, o que vemos se escrever quando se escreve [o] sendo em ato é "o polo oposto ao polo do sentimento-humano-cristão".⁴¹ Escrevendo "o" Deus como se escreve "o" mundo, abala-se, por um lado, o polo do sentimento-humano-cristão de Deus e a naturalidade com que se diz "o" mundo. "O" deus introduz uma atonalidade exasperada que reverbera no dizer sem pensar "o" mundo. É que "o" Deus, esse substantivo da substância desprovido de adjetivo, nada mais é do que "o que existe". "Vou parar um pouco porque sei que o Deus é o mundo. É o que existe. Eu rezo para o que existe? Não é perigoso aproximar-se do que existe. A prece profunda é uma meditação sobre o nada. É o contato seco e elétrico consigo, um consigo impessoal."⁴² Assim, se "o Deus é o mundo" não faz mais sentido atribuir a criação do mundo, pois o Deus não antecede o mundo, mas é um outro nome do mundo. Se "o Deus é o que existe", também não há mais questão se

---

38 *A paixão segundo G. H.*, op. cit., p. 78.

39 Ibidem, p. 92.

40 Ibidem, p. 93.

41 Ibidem, p. 78. Não caberia trazer Clarice para a proximidade de uma suma ateológica *à la* Georges Bataille, embora alguns "temas" permitam associações, como o grotesco e o informe, pois esse tipo de teoria comparada não costuma alcançar muito mais do que achar provas de que Bataille é como Clarice é Clarice como Bataille. Seria apenas uma batalha perdida querer se apropriar do inapropriável de um e do outro.

42 *Água viva*, op. cit., p. 44.

Deus existe ou não, pois isso seria o mesmo que perguntar se o existir existe. Na verdade, Deus não existe, porque é o que existe, e o que existe é um nada sem gosto. "É um nada que é um Deus – e que não tem gosto", um nada maná, o alimento judeu milagroso que é "como uma chuva e não tem gosto".[43] Não faltariam estudos e disposições teóricas para aproximar essa visão de Clarice do Deus de místicas conhecidas do inominado e inefável de Deus. Uma diferença é, no entanto, crucial, que, para ela, Deus não é o criador do mundo. É o existir puro e simples da existência. "O" Deus é o fato "doido" de que o existir existe, o fato imundo do mundo. O mundo, o Deus, é o imundo, i-[n]-mundo que talvez seja a palavra mais precisa e direta para dizer "no-mundo" ou "nonada", evocando a língua de Riobaldo no *Grande Sertão: Veredas*. Dizer "o" Deus é também fazer aparecer, nessa atonalidade exasperada, a anomalia da diferença entre o humano e o não humano de todos outros seres, já que "em vez de sermos o Deus, assim como os outros seres O são, em vez de O sermos, queremos vê-Lo".[44] As místicas humanas querem ver O Deus porque nós, humanos demasiado humanos, não podemos sê-Lo. Na dura escritura de Clarice, flagra-se de onde surge esse querer. Ele surge porque, em vez de O sermos, de sermos esse O redondo, círculo do nada livre e neutro, em que simplesmente se está sendo [o] estar sendo, queremos fixar esse O redondo numa visão, seja conceitual ou mística. Mas "Deus é o que existe, e todos os contraditórios são dentro do Deus, e por isso não O contradizem".[45]

43 *A paixão segundo G. H.*, op. cit., p. 78.
44 Ibidem, p. 96.
45 Ibidem, p. 119.

O Deus é a grafia d[o] sendo, d[o] que existe contendo todos os contraditórios. A dificuldade experimentada ao se ler essas passagens advém de não se ver como "O" Deus é um ôco circular, o vazio de definições do estar existindo da existência, circulando dentro de todas as possíveis definições indefinidas de Deus e da existência.

O que mais importa não é como a presumida mística da dura escritura de Clarice se assemelha ou não às místicas tradicionais. Importa seguir esse ser olhado pelo olhar súbito do mundo e admitir que o Deus é o imundo, é o que existe, o estar existindo do existir, o nada tão tudo tatuado no olhar da barata. O Deus é a barata do estar sendo. O Deus se escreve na súbita grafia de um adeus, adeus a Deus, pois o sendo está sempre partindo. Assim, não é um adeus apenas a visões místicas estabelecidas, mas ao teísmo de um Deus substancializado e coisificado quando se exaspera por uma atonalidade o próprio sentido do substantivo e da substância. Não adianta apenas não dizer "O". Quando se está escrevendo O, vê-se subitamente o traçar de uma linha circular que come seu próprio rabo, dando-se de repente conta de que O é um *ouroboros* – palavra cheia de Os. A coisificação do Deus é tão devoradora de tudo o que existe que esconde o O, isca do sendo, do nada que é tudo na sua definição indefinível. Pois coisificar Deus é coisificar as coisas, torná-las equivalentes a universalidades e generalizações esvaziadoras de tudo; é apagar as impressões digitais e táteis do cada um e cada vez em cada coisa. Ao escrever a atonalidade exasperada de "O Deus é o mundo", "Deus é o que existe", "O deus é o imundo", escreve-se sublinhando e grifando o cada um, a cada vez, incomparável e insubstituível que, precisamente por ser incomparável e insubstituível toca cada outra coisa e todas as outras coisas. Pois é assim que toca o estar sendo de cada outra coisa e de todas as outras coisas, o imundo do estar sendo. *A paixão segundo G. H.* é um livro sobre o encontro avassalador com uma barata, a barata do estar sendo e a necessidade irrevogável de digerir esse encontro. Comer a barata é tocar no neutro vivo do estar sendo. "Eu fizera o ato proibido de tocar no que é imundo."[46] Tocou-se, assim, no "segredo mais remoto do mundo", o segredo de "O Deus" que é tão devastadoramente "um pedaço de coisa", "um pedaço opaco de coisa". "O segredo mais remoto do mundo, opaco, mas me cegando com a irradiação de sua existência simples, ali faiscando em glória que me doía nos olhos. Dentro do escrínio o segredo: Um pedaço de coisa" e "a joia do mundo é um pedaço opaco de coisa".[47] "O", esse O ouroboros do Deus que escreve adeus a Deus, perfurando o opaco de sua superfície, entrega o pedaço opaco de cada coisa como o segredo remoto do mundo, como a sua joia. Entrega a coisa descoisificada, desreificada, cada coisa devolvida ao estar sendo do existir.

Escrever [o] sendo em ato "descortina" – citando um verbo recorrente em *A maçã no escuro* – as coisas mais do que as revela. Leva os olhos a entenderem que cada coisa "nada mais do que: acontecia. Que mal acontecia. Apenas acontecia. O homem estava "descortinando".[48] No encontro com as coisas como sendo nada mais do que: dois-pontos de um "à espera" que recebe o "acontecia", coisas que nada

---

46 *A paixão segundo G. H.* op. cit., p. 54.
47 Ibidem, p. 103.
48 *A maçã no escuro*, op. cit., p. 81.

mais são do que um "mal acontecia", descortina-se que não são as coisas que revelariam a sua essência demasiada não humana, mas o olhar que se descortina. Descortinado, o olhar pode receber o acontecer do estar sendo, pode receber "aquela coisa". Olhar descortinado é como Clarice escreve o olhar escriba, que Gentili Bellini desenhou certa vez, o olhar de uma atenção extrema ao "acontecia", à coisa, ao *it*, ao neutro, à água viva do sendo.

Não apenas a rosa é a rosa é a rosa, na expressão modernista de Gertrude Stein e tantos outros, mas "a coisa é coisa propriamente estritamente a coisa", como se escreve em *Um sopro de vida*.[49] No atonal dessa formulação – a coisa é coisa [propriamente estritamente] a coisa – rompe-se, exaspera-se até mesmo à tautologia modernista. Aqui a coisa é trazida para o seu barulho, a coisa da coisa é a coisa. "as coisas fazem o seguinte barulho: chpt! chpt! chpt!".[50] Essa formulação "atonal" [Clarice aprecia esse termo e essa música] deixa aparecer uma "aura petrílica" da coisa, petrílica não por ser consistente, resistente e impenetrável como as pedras e sim porque "tem uma hora em que as coisas não acabam nunca mais"[51], "igual ao silêncio de um objeto pousado em cima de uma mesa".[52] A coisa é igual a um objeto pousado num lugar. A coisa se escreve assim como igual a um objeto, igual a um pássaro que voa, igual ao que chega num voo sem que jamais se possa saber de onde vem e para onde vai. A coisa nada mais é do que: acontecia. Na obra de

49 *Um sopro de vida*, op. cit., p. 106.
50 Ibidem.
51 Ibidem, p. 108.
52 Ibidem.

Clarice, encontramos não só um extenso bestiário e florilégio, como também intensos relatórios das coisas. O lustre, o guarda-roupa, o relógio, o biombo, a caixa de prata, o relógio, o gradil de ferro, o carro, a vitrola, a lata de lixo, a joia, o elevador, mas também a borboleta, a mãe-coisa, a mulher-coisa. Cada coisa deixa estourar um explosivo "é", que desperta em volta alta como se o "é" falasse italiano e não parasse de dizer *Sveglia*. As coisas estão pousadas como um despertador que fala em "O relatório da coisa": "Sveglia é o Objeto, é a Coisa, com letra maiúscula. Será que o Sveglia me vê? Vê, sim, como se eu fosse um outro Objeto".[53] O sentido primeiro de coisa é de "estão me acontecendo coisas",[54] não apenas porque "coisas" estão acontecendo comigo, mas porque o estar acontecendo de coisas me acontece para mim. A coisa – o estar acontecendo do acontecer é o ritmo de entrar e sair do escrever, que os olhos descortinados de escriba registram e relatam temática ou implicitamente. O ritmo da frase, o elo entre os pensamentos, o fio que se perde ou se retoma relatam as interferências "como estáticas elétricas". É assim que, no meio do inventário que Ângela e o Autor fazem de seus relatórios das coisas, escreve-se de repente: "Ângela às vezes escreve frases que nada têm a ver com o que estava falando. Creio que essas inopinadas interferências são como as estáticas elétricas que interferem e cruzam a música no rádio. Nela simplesmente se grudam as cruzadas elétricas do ar. E, se isso acontece, é porque ela não sabe escrever, escreve tudo, sem selecionar. Eu mesmo,

---

53 *Todos os contos*, op. cit., p. 495.
54 Ibidem.

se não tomar cuidado, às vezes me oponho à interferência elétrica e começo a falar de repente de um trator alaranjado. O trator que me ocorre é porque estou plagiando sem querer Ângela".[55]

A coisa – o estar acontecendo do acontecer entrega um sentido de existência livre de Deus e do humano. Ao escrever o estar escrevendo, [o] sendo em ato, escreve-se: "Escuta, diante da barata viva, a pior descoberta foi a de que o mundo não é humano, e de que não somos humanos".[56] A pior descoberta, a mais dura, por ser uma alegria tão vertiginosamente alegre, é a de se dar conta de que "Deus", "coisa", "homem", "mundo" estão entregues ao estar sendo, que nós humanos não somos humanos, sem que isso nos confunda com algo divino. É que "o mundo é extremamente recíproco. A vibração de um estrídulo inteiramente mudo na rocha; e nós, que chegamos a hoje, ainda vibramos com ele".[57]

O mundo já é sempre. Sem começo e sem fim. Mas já é sempre no modo de apenas se dar subitamente como "um silêncio de barata que olha". A faísca do mundo se nos olha. Faz aparecer como "tudo olha para tudo, tudo vive o outro; neste deserto as coisas sabem as coisas. As coisas sabem tanto as coisas que a isto... chamarei de perdão, se eu quiser me salvar no plano humano. É o perdão em si. Perdão é um atributo da matéria viva".[58] Com o perdão da palavra, como se costuma dizer, esse saber das coisas pelas coisas,

---

55 *Um sopro de vida*, op. cit., p. 116.
56 *A paixão segundo G. H.*, op. cit., p. 69.
57 Ibidem, p. 114.
58 Ibidem, p. 66.

o olhar de tudo para tudo, onde tudo vive tudo, é o sentido de mundo como o acontecendo do acontecer. É o que faz aparecer "a criadora inconsciência do mundo", que pouco tem a ver com um inconsciente coletivo formado ao longo das eras por um trabalho de sedimentação da memória dos inúmeros mundos. É uma inconsciência, e não um inconsciente, a inconsciência do sendo em ato, entendida como o que excede a diferença entre consciência e inconsciente. Escrever estar sendo é um êxtase, e pede uma extensão porque "tenho apenas esse êxtase, que também não é mais o que chamávamos de êxtase, pois não é culminância. Mas esse êxtase sem culminância exprime o neutro de que falo".[59] A criadora inconsciência do estar sendo – que sem saber nos habituamos a chamar de mundo –, enquanto êxtase sem culminância, é uma criação que está sempre escapando. "A criação me escapa. E nem quero saber tanto. Basta que meu coração bata no peito. Basta-me o impossível vivo do it."[60] O impossível do *it*, palavra estrangeira, anagrama do ti, tradução para língua desconhecida do sendo incognoscível, pode às vezes ser tocado. Talvez seja isso a criação, "pois criar não é imaginação, é correr o grande risco de se ter a realidade".[61]

---

59 Ibidem. p. 120.
60 Água viva, op. cit., p. 62.
61 *A paixão segundo G. H.*, op. cit., p. 14.

FALA NA PONTA DA LÍNGUA

"A realidade é a matéria-prima, a linguagem é o modo como vou buscá-la – e como não acho."[1] A existência humana é um mistério assustador porque precisa buscar a realidade em que já sempre se está, o sendo em que se é. Como é possível ter que buscar o que se está sendo? Escrevendo [o] sendo em ato, Clarice não retoma antigas admoestações de um "vir a ser o que se é", de discursos do devir contra o ser, mas enuncia o susto de ter que dizer [o] sendo. É o grande susto assustador que até se confunde com dizer [o] estar dizendo. Buscar [o] sendo e não achar, esse é o tremendo esforço da linguagem, "o meu esforço humano",[2] o esforço de estar sendo afinado ao estar sendo da vida pelo fiapo da linguagem, fio tênue e frágil que sustenta a existência humana ao existir da existência. Buscar e voltar com as mãos vazias, escreve Clarice. Mas, ao escrever [o] sendo em ato, "nasce o que eu não conhecia",[3] quando se volta *com* as mãos vazias, *com* o indizível, repleto de mãos vazias e de indizível. Volta-se *com* o sem. Assim, não é mais questão o não poder dizer, a falha da linguagem em dizer a realidade, a impotência humana frente ao real imenso. O que não se conhecia é que o indizível é uma doação; é o que se dá e se encontra na busca que nada encontra. A busca que nada encontra, encontra o nada encontrar e isso é muito. A experiência da linguagem como buscar e voltar de mãos cheias do vazio das mãos estremece convicções sobre a questão da linguagem na "literatura" de Clarice. Essa experiência não coincide inteiramente nem com uma teologia negativa e suas místicas apofáticas (estas

1   *A paixão segundo G. H.*, op. cit., p. 132.
2   Ibidem, p. 132
3   Ibidem.

do não poder dizer o indizível) e nem com experimentos modernistas e suas linguagens do absurdo de dizer "indizível". A diferença não está tanto na discrepância entre "linguagem" e "realidade", e sim na *experiência da experiência* que a relação discrepante e sempre atonal entre linguagem e realidade põe a descoberto.

Inúmeras vezes lemos Clarice escrever "mudez". Não apenas indizível e silêncio, mas mudez. Mudez é não conseguir falar, só que não tanto por um fracasso do dizer, mas sobretudo por um fracasso da voz. A mudez é da voz, e não do dizer. "É exatamente através do malogro da voz que se vai ouvir a própria mudez e a dos outros e a das coisas, e aceitá-la como a possível linguagem."[4] A voz emerge aqui como um "grande esforço", o "modo como vou buscar a realidade". O que se escreve da linguagem, escreve-se também da voz: grande esforço, modo de busca. É que a experiência da linguagem não é, em primeira instância, a experiência do dizer, mas da voz. Diante de inúmeras discussões sobre a linguagem como relação de som e sentido, de fonemas e significações, o que aqui se afirma é a voz sentida como voz, e não como instrumento expressivo de impressões subjetivas da alma. Só que sentir a voz como voz, a voz vociferando a sua voz de voz, requer fracasso, malogro e até "desistência"[5] – requer mudez. E, novamente, não porque o dizer não dá conta de dizer o indizível da realidade; porque a maçã não pode ser mordida e saciar a hora lancinante da fome, e sim porque a mudez é o grito do corpo da voz. Ela tampouco é meramente não ter voz por defeito ou rouquidão

---

4   Ibidem, p. 132.
5   Ibidem, p. 176 – "A desistência é uma revelação".

adquirida por usar e forçar demais a voz. Mudez é a experiência do estar vindo à voz e à palavra se flagrar vindo à voz e, assim, entalando-se; a força de arremesso que se arremessando se contém e suspende, engolindo a si mesma. Na mudez, a voz se surpreende vindo à voz, sobressalta-se de se descobrir a muda de um por nascer, mas para surpreender o vir à voz; a voz não pode chegar à voz. O vociferar de voz só se sente como tal antes de chegar à voz. Por isso, "minha voz... [é] antes da linguagem". Na mudez, percebe-se que a voz é esse antes; o estar vindo à voz é a materialidade talvez mais pungente do sendo, um antes que só aparece depois e um depois sempre adiantado. A mudez aparece como a realidade antecede a voz que antecede a linguagem que "um dia terá antecedido a posse do silêncio", a dimensão rítmica e pulsante desse antes, liberado de toda cronologia. Assim, a mudez se mostra como uma espécie de fenomenologia da "voz presa na garganta", "aperto doloroso na garganta", "impossibilidade de soluçar",[6] já bastante presente no primeiro livro de Clarice, *Perto do coração selvagem*, em que também lembra que a voz, mesmo a humana, não é humana e sim "voz de terra. Sem chocar-se com nenhum objeto, macia e longínqua como se tivesse percorrido longos caminhos sob o solo até chegar à sua garganta".[7] A mudez é a carne viva da voz embargada, entalada, engolida, quebrada, do vindo à voz que se flagra vindo à voz; um vindo à voz ele mesmo sem voz, a não ser em alguns murmúrios. Por isso essa mudez é tão eloquente. "Ângela tem em si água e deserto, povoamento e ermo, fartura e carência, medo e desafio.

6   *Perto do coração selvagem*, op. cit., p. 64.
7   Ibidem, p. 74.

Tem em si a eloquência e a absurda mudez, a surpresa e antiguidade, o requinte e a rudeza. Ela é barroca."[8] E é também por tudo isso que essa mudez é "mudez de barata";[9] a mudez demasiado eloquente da barata, do *it* do sendo. Assim, "à beira de sua mudez, estava o mundo. Essa coisa iminente e inalcançável. Seu coração faminto dominou o vazio".[10]

A fenomenologia da voz dando nó na garganta apresentada pela mudez desloca a questão da linguagem, retirando-a de sua eminência – amaldiçoada ou bendita, enlouquecedora ou curadora – para a experiência de uma língua iminente, de uma língua da iminência. Escrever [o] sendo em ato, escrever [o] estar escrevendo é dar voz ao sempre iminente. "Ali em pé, às onze horas do dia 17 de abril, espantada, ela estava recebendo esse modo como a oferta lhe era jogada sem bondade. Ele que trabalhara tanto para receber o que agora ela própria não parecia estar à altura de compreender. Mas agora nada mais dependia dela. A este instante raro – em que 'ainda não aconteceu', 'ainda vai acontecer', 'quase já aconteceu', – ela chamou, num esforço de compreensão 'o instante antes do homem aparecer'. Dando um título, estava tentando aplacar o mundo."[11] Iminente é o instante antes do aparecer, o que, portanto, separa-se vertiginosamente do instante exato de um ponteiro de relógio num calendário fixo, "onze horas do dia 17 de abril", a sentença de morte pronunciada a tal hora no dia 20 de julho de tal ano. É o instante

---

8   *Um sopro de vida*, op. cit., p. 21.
9   *A paixão segundo G. H.*, op. cit., p. 117.
10 *A maçã no escuro*, op. cit., p. 52.
11 Ibidem, p. 154.

raro em que "ainda não aconteceu", "ainda vai acontecer", "quase já aconteceu" acontecem ao mesmo tempo. Iminente é o que está por acontecer, trazendo o infinitivo do tempo à finitude máxima da vida que é a de se viver sempre por um triz e isso a tal extremo que dizer viver por um triz não se distingue de dizer morrer por um triz. Por um triz, iminente, é o mundo se dando como mundo, o que esclarece porque ao se dar como mundo, o mundo é sempre tudo ou nada e, por vezes, o tudo de quase nada e o nada de tudo. Escrever o estar escrevendo é escrever a iminência, no tom de voz de quem está com coração batendo sem parar, como quando se tem alguma coisa muito importante para dizer: uma declaração de amor ou de desamor, o "eu te amo "ou "eu não posso mais". O ter algo muito importante para dizer vem sempre acompanhado dos dois pontos à espera, para tomar o fôlego da coragem de dizer. A escrita de Clarice é essa escrita dos dois pontos à espera, a escrita de quem existe como um coração batendo no mundo, por ter algo importante para "te" dizer. "Tenho uma coisa importante para te dizer. É que não estou brincando: it é elemento puro. É material do instante do tempo. Não estou coisificando nada: tenho o verdadeiro parto do it. Sinto-me tonta como quem vai nascer [...]. Estou esperando a próxima frase. É questão de segundos. Falando em segundos, pergunto se você aguenta que o tempo seja hoje e agora e já é. Eu aguento porque comi a própria placenta".[12] Iminente é o instante do tempo sendo, que se doa na espera não tanto do inesperado, mas do iminente por acontecer já acontecendo, esse que se expõe como a simultaneidade do ainda não, ainda vai, quase já foi, como a espera

12   *Água viva*, op. cit., p. 41.

da próxima frase. A próxima frase que é questão de segundos menores ou maiores do que um segundo. A espera de dois-pontos à espera: que avança aos recuos ["ele avançou aos recuos"][13] não espera por algo adiante, mas é a própria modalidade do sendo, e daí a tremenda dificuldade de escrever [o] sendo em ato, pois toca nas raias do impossível, que é tocar o que só pode ser tocado ao se furtar a ser tocado. "Escrever é difícil porque toca nas raias do impossível."[14] A síncope entre traçar o se traçando e o traçado é tão breve quanto o milímetro que separa o dedo rente à tecla da máquina de escrever ou do computador e o bater na tecla; entre a centelha atrás do pensamento e o pensamento; entre a espera e o iminente; entre a visão vidente e o que está por acontecer. A iminência é estar por perto do pouso de um passarinho e, quando nos damos conta, ele já pousou. A iminência é sempre num piscar de olhos. E o "êxtase sem culminância" é quando "pela primeira se estava presente no momento em que acontece o que acontece".[15] Sendo é sempre iminente, por um triz já e já não mais, elasticidade instante-já de vida e morte, pois "se em um instante se nasce, e se morre em um instante, um instante é bastante para a vida inteira."[16]

Escrevendo na iminência da próxima frase, escreve-se com coração batendo diante do instante sempre iminente,

---

13 *A maçã no escuro*, op. cit., p. 215: a expressão "avançar aos recuos" pode ser usada para traduzir a expressão de Paul Valéry, *"entrer dans le future à reculons"*, in "La politique de l'esprit", *Oeuvres I,* Paris: Gallimard, 1957, p. 1040.

14 *Um sopro de vida*, op. cit., p. 6.

15 *A maçã no escuro*, op. cit., p. 17.

16 Ibidem, p. 116.

do sendo, sem o pé nas palavras, mesmo quando elas são abraçadas como boias no mar da linguagem. Na experiência da iminência do sendo, sente-se "a voz da palavra"[17] vir à voz, um sentir que se eriça em sentido. Expõe-se o percurso inenarrável da voz da palavra vir à boca, dos meandros percorridos para que a palavra venha à voz. "Por que não dizia palavra? O sol estava parado. A água ofuscada... Por que não a dizia? É que tudo restava tão perfeito que ele sobrava. O duro vidro da água olhava-o e ele olhava. E tudo tão reverberado e imóvel, tão completo em si mesmo, que o homem não molhou o rosto, não ousou tocar na água e interromper com um gesto a grande estática. Tudo rebentava de silêncio... Mas a palavra, a palavra ele ainda não a tinha. O pé, ele não o tinha."[18] A iminência de escrever, de dizer, de falar, esse milímetro de segundo entre estar escrevendo, dizendo, falando e continuar escrevendo, dizendo, falando é uma milimétrica eternidade; uma milimétrica "estática" que não dá pé. Escrever não tem mais a ver com estética, e sim com segurar-se ou não nessa vertiginosa estática. Nela não há bem como se segurar, não porque falte algo – coisa ou palavra – mas porque tudo está inteiramente doado e presente ao estar acontecendo do acontecer, a voz entala, o coração aperta, a escrita arranha e a palavra fica na ponta da língua. Não, a palavra não falta. Mas ela pode ficar na ponta da língua porque o estar vindo à palavra é tão denso e espesso que esse vir à palavra da voz da palavra pode se adensar ainda mais e tomar conta de tudo. As teorias do lapso discutem sempre o que impede a voz de sair, a palavra de vir à palavra.

17 Ibidem, p. 31.
18 Ibidem, p. 166-167.

São teorias do impedimento. Mas escrever [o] sendo em ato escreve – o que aqui também significa *pensa*, *diz*, *fala*, *sente* – o *vir à* palavra, ao pensamento, ao sentido, e não palavras, pensamento e sentidos. Coloca as noções de impedimento em parênteses, pois escreve a escuta, na atenção escriba dos percursos desse vir-à. Apresenta, desse modo, rudimentos para uma teoria da linguagem na ponta da língua, a tremenda experiência de ter tudo por dizer, mas não dizer, porque tudo fica na ponta da língua. E isso porque tudo dizer não equivale a esgotar a estática milimétrica em que tudo se mostra ao mesmo tempo, numa espécie de síntese cósmica, com todas as expressões e sentidos possíveis. Bem longe disso. Ter tudo para dizer na ponta da língua corresponde mais a ter a palavra precisa, a palavra da precisão de dizer naquele instante mesmo em que tudo comparece,[19] pois se está presente ao estar acontecendo do acontecer. Nessa presença, palavras não são precisas. Nessa presença, precisa-se de palavras precisas. Mas como palavras precisas são apenas possíveis quando vem dos nós de "dentro", de tão dentro que se confundem com palavras trazidas pela "voz de terra", essas que devem ter "percorrido longos caminhos sob o solo até chegar à garganta", elas param na ponta da língua porque o vir à linguagem é tão caudaloso que não cabe no estreito de um corpo finito, tendo de contrair-se pelo próprio volume do movimento. Repete-se aqui uma lei incontornável da vida infinitamente expansiva, que é de ter de contrair-se em formas finitas de vida. Vida contrai-se por ser expansiva

---

19 Tomo o verbo comparecer no sentido que lhe conferiram Jean-Luc Nancy e Jean-Christophe Bailly em *La comparution*; Paris: Christian Bourgeois editeur, 1991.

demais, vida dói por se doar demais e ao contrair-se interrompe o fluxo, fica na ponta da língua, por um triz, na estática da iminência. Ter palavras na ponta da língua é ter o vir à palavra demasiado presente, como um percurso fica presente para quem caminha colocando um pé imediatamente após o outro, sem deixar *o dar o passo dar o passo,* que é um saltar leve sobre o caminho. Não se está mais assim numa estética ou mística do indizível e inefável do que não existe ou do que supraexiste, mas na estática física da iminência, do por dizer, por um fio e por um triz de encontrar-se com o que existe em tudo o que existe, com o sendo. Está-se à beira de uma entrega tão total que talvez só a morte ou o por dar à luz possam dar voz, seja num sopro de expiração, num urro de loucura ou no estouro de um êxtase.

Clarice pintou certa vez um quadro, que intitulou *Medo* e que, na palestra que proferiu no Congresso de Bruxaria em Bogotá, ela descreve do seguinte modo:

"A tela era pintada de preto, quase no centro havia uma terrível mancha amarelo-escura, e dentro dessa mancha algo vermelho, preto e amarelo vivo. Parecia uma mariposa sem dentes querendo gritar, sem conseguir. Perto da massa amarela, por cima do preto, pintei dois pontos completamente brancos que talvez fossem a promessa do alívio futuro. Olhar para esse quadro me faz mal." [20]Clarice não se achava boa pintora, mas considerava pintar máxima liberdade. Esse quadro faz aparecer o medo que é estar "querendo gritar, sem conseguir", "a mancha amarelo-escura" dentro do preto da tela, a mancha da cena do vir à voz da linguagem, do ter palavras e não conseguir dizer.

20 "Literatura e Magia" in: *Outros escritos*, op. cit., 2005.

Clarice tem a linguagem na ponta da língua. E ainda mais espantoso é, todavia, como estar na ponta da língua reproduz o modo do estar sendo, o modo do que existe fazer sentido por estar sempre se esquecendo. Em *A maçã no escuro*, podemos ler como "[Martim] Procurara se libertar, sim, mas apenas para ir sem empecilhos de encontro ao fatal. Quisera estar desimpedido – e na verdade se desimpedira com um crime – não para inventar um destino, mas para copiar alguma coisa importante, que era fatal no sentido em que era alguma coisa que já existia. E de cuja existência aquele homem sempre soubera, como quem tem a palavra na ponta da língua e não consegue se lembrar. Ele quisera estar livre para ir de encontro ao que existia".[21] Quem tem a palavra na ponta da língua reproduz o sendo em ato. Esse é o grande medo, o medo da liberdade para encontrar o que existia, o estar sendo.

O último livro de Clarice se chama *Um sopro de vida*. Como num eco que faz soar nas palavras sons e vozes de outras palavras, esse livro re-cita a récita do texto da Bíblia que conta a criação do homem e da linguagem. O texto do Gênesis que se estende do versículo quarto do segundo capítulo ao versículo 24 do terceiro conta como "Então o senhor Deus fez o homem de um torrão e lhe soprou nas narinas o espírito da vida. E assim se tornou o homem um ser vivo (7); e mais adiante, como o Senhor Deus fizera da terra toda sorte de animais sobre o campo e todas as espécies de pássaros debaixo do céu; e os trouxe então ao homem para que visse, como os nomeava; pois como o homem nomeasse todos os animais, assim eles se haviam de chamar. E o homem

---

21 *A maçã no escuro*, op. cit., p. 323.

deu a cada inseto e pássaro debaixo do céu e animal sobre o campo o seu nome (19-21)". No recitar de Clarice, lê-se "Foi Deus que me inventou e em mim soprou e eu virei um ser vivente. Eis que apresento a mim mesmo uma figura. E acho portanto que já nasci o suficiente para poder tentar me expressar mesmo que seja em palavras rudes. É meu interior que fala às vezes sem nexo para a consciência. Falo como se alguém falasse por mim. O leitor é que fala por mim?".[22] A citação bíblica narra a origem da linguagem humana como uma dupla imitação: Deus traz o homem para perto de si a fim de mostrar como criar é já nomear; o homem imita a nomeação divina, dando nome ao já criado, à criação divina. A condenação do homem é conseguir o que Deus não pode: nomear sem criar. O re-citar de Clarice presta atenção a quando e como a linguagem humana fala. Ela redireciona o evento bíblico, trazendo-o para o seu começo, que é um sopro de vida. No centro do seu recital não está o nomear, mas o falar, o vir à voz da fala da linguagem. A fala humana não é imitadora da divina ação nomeadora, mas apresenta a si mesma uma "figura" de modo a definir a escrita, pois escrever é fazer aparecer figuras, traços e linhas sobre papel ou tela. Essa "figura" é a grafia da própria grafia. O recital da gênese da linguagem a torna indissociável da linguagem da gênese, do emergir. Lembra, assim, o que sempre se esquece: que milênios de escritos sobre a linguagem encobrem o escrever desses escritos. Bíblia é um palavra grega que significa livro. A partir dessa lembrança clarice, pensar a linguagem é pensar a escrita desse pensar a linguagem. A fala humana é escrita como a escrita é "de ouvido", não por

22 *Um sopro de vida*, op. cit., p. 17.

representar fonemas com grafemas, mas por soar mais nitidamente no seu soar sem soar da escrita, pois assim reproduz o sopro do sendo em tudo que escreve – por escrever [o] estar escrevendo. Em seu re-citar bíblico, Clarice de modo algum faz do homem um deus escritor, mas faz aparecer um outro sentido de criação, que é o de "fazer existir". Não fazer com que o inexistente passe a existir como na criação divina, mas um fazer existir que expõe o fazer todo próprio do existir. A diferença está no sentido de existência.

"Eu escrevo para fazer existir e para existir-me." Escrever não é criação. Escrever é para *existir-se, para a existência se existir.* "Para" significa aqui dedicado a; é dedicatória. Escrever é uma dedicatória ao ato de existir. O uso pronominal e transitivo do verbo existir na escrita de Clarice é uma revolução no sentido de existência. Com base nesse uso, no existir-se da existência, é possível compreender em que sentido se escreve para fazer existir. Em jogo está fazer existir o que existe. O existir não é intransitivo, um fato, seja ele acabado inacabado. Existir é existir-se, existir-me, existir-te, existir cada coisa, cada um, transitivamente, expondo enigma desse "cada", do existir agir e atuar em cada existência. Por isso, um sopro da palavra não dá vida ao morto, como acreditava Orfeu, e nem existência ao inexistente, como acreditam os místicos da ficção. "O sopro da palavra [que] dá vida aos sussurros", o sopro dá vida aos sussurros do sopro do sendo, esses *ssss* de folhas ao vento; ele não pode ser dado sem uma tomada de fôlego, uma inspiração que expira, como técnica de oboístas ou clarinetistas, essas variações flautistas.

Assim, "é uma questão de fôlego de sopro vital".[23] E tudo isso se dá a ouvir em cada respiração quase imperceptível ao se escrever, no quase sem ruído do "sopro que aquece o decorrer das sílabas",[24] que traz a expiração mortífera presente em cada inspiração, pois basta haver vida para se estar por um triz de morrer, e no por um triz de morrer descobrir o infinito expansivo e transparente da vida. Assim é que vem à palavra a frase seguinte a outra frase – "tenho falado muito em morte. Mas vou te falar no sopro da vida."[25] Na ponta da língua, em que as palavras se têm e atêm às pulsações e ritmos sincopados do sendo, as palavras precisas sopram e pulsam, e por isso se esquecem. Mas, de súbito, dão-se faíscas de som, pois, nessa fenomenologia do sendo iminente, o pulso é o súbito. De repente – o jazz da improvisação é muitas vezes evocado – "o tempo viera de tão longe para se esborrachar em: hoje!. O urgente instante de agora".[26] Mais uma vez Clarice com seus dois-pontos à espera, grafando a tomada de fôlego diante do súbito. O esborrachar-se em hoje do tempo vindo de tão longe interrompe o hábito de remeter os desejos da urgência à busca de um originário e expõe a urgência como o hoje do já sendo. Abruptamente, estalam chiados de sentido, chiados de um X: "X é o sopro do *it*?",[27] X é o sopro do sendo? Fortuitamente, estouram palavras: "Eu vou me acumulando, me acumulando, me acumulando – até que não caibo em mim e estouro em palavras".

23 Ibidem, p. 122.
24 *Água viva*, op. cit., p. 22.
25 Ibidem, p. 60.
26 *A maçã no escuro*, op. cit., p. 285.
27 *Água viva*, op. cit., p. 77.

Essa escrita não dá voz ao que existe. Ela faz existir o estar existindo. Busca escrever e, assim, tocar o impossível que é escrever o vir à voz do vir à voz. O vir à voz está na ponta da língua, e apenas de repente, num repente, essa acumulação estoura em palavras. Palavras são um grito, mas um grito raro porque "em geral eu sussurro. Falo baixinho para timidamente dizer".[28] Clarice sempre insiste que escreve como fala, que sua "literatura" é uma fala por escrito. A diferença entre os vários elementos da experiência da linguagem que aqui se escreve [experiência que poderia ser tomada como uma teoria sensível da linguagem] assemelha-se a uma gradação: do sussurro, passando pela fala, pelo dizer, até chegar ao grito da palavra, uma gradação do grave ao agudo, descrição sonora do movimento de acumulação que acumula a própria acumulação a ponto de "estourar-se em palavras", de "brotar-se em pensamentos". Escrita é grito numa gruta, grito gutural ressoando. Por isso dá tanto medo. Em francês, "eu escrevo" é *j'écris* e "eu grito", *je crie*; soam igual, só a escrita distingue os dois verbos. Essa homofonia da escrita e do grito sustenta a escrita de Clarice e também a sua pintura. Na acumulação de graus, degraus, cursos e percursos do vir à voz da palavra que dá voz a esse vir à voz, a palavra chega como grito de um silêncio, de uma mudez. "(Mas a história de Macabéa tem que sair senão eu estouro.)"[29] Sem esquecer que todo esse percurso do vir à voz é vir ao ar. "Escreverei aqui em direção ao ar e sem responder a nada pois sou livre."[30]

28   *Um sopro de vida*, op. cit.
29   *A hora da estrela*, op. cit., p. 77.
30   *Um sopro de vida*, op. cit., p. 71

Não é difícil entender que o acúmulo intumescido da movimentação de vir à – palavra, à boca, ao sentido, ao pensamento – ponha palavras na ponta da língua, prontas para dispararem em direção ao ar. Palavras ficam na ponta da língua, mas também saem incontinamente. Diz-se o que não se quer dizer. Machuca-se e fere-se com palavras. Mas ainda não é fácil compreender por que o grito que estoura é uma palavra. O que é a palavra? Por que o grito não basta? Por que o grito estoura ainda em palavras?

Palavras são sons articulados que fazem sentido, segundo uma definição à base de inúmeras especulações linguísticas e literárias. Também faz parte do entendimento comum considerar que a diferença entre a linguagem humana e a linguagem animal reside na palavra. A linguagem humana é aquela que se comunica por palavras, e não só por gestos e sons. "Eu não existiria se não houvesse palavras."[31] E, além disso, consente-se que a linguagem por palavras é que define o humano. "Homem é o ser vivo que possui linguagem", como disse um Aristóteles já proverbial, desde que se entenda "linguagem" como linguagem apalavrada pelas palavras. Contudo, ao mesmo tempo que ideias e sentimentos se exprimem com palavras, não bastam palavras para a expressão. Palavras fazem uso das mãos e dos tons, das tonalidades, dos acentos, dos ritmos e das pulsações. Quantas vezes não nos flagramos dizendo: "Não sei me expressar por palavras".[32] Com relação à escrita literária, e mais especificamente à escrita de Clarice, a ela se costuma atribuir tanto

---

31   Ibidem, p. 83.

32   Ibidem, p. 23.

um "drama da linguagem",[33] vivido na experiência de que faltam palavras para exprimir o inexprimível do real errante, quanto a avalanche das palavras de uma fala-escrita automática, já que podemos ler "as palavras saem de mim vindas de um fluxo que não é mental".[34] Real demais, palavras demais: sempre uma vertigem de excesso. Mas talvez a palavra descortine outras dimensões. Clarice não buscava nenhuma expressão, nem mesmo a do inexprimível. Considerava que "quando a arte é boa é porque tocou no inexpressivo, a pior arte é a expressiva, aquela que transgride o pedaço de ferro e o pedaço de vidro, e o sorriso, e o grito".[35] Ela introduz a diferença entre o inexprimível e o inexpressivo. Assim, com relação às discussões sobre as literaturas do inominável e indizível, o escrever de Clarice pede para ser lido como esse toque no inexpressivo; como uma literatura que não transgride os pedaços vítreos e "petrílicos" do sendo. "Todas as palavras aqui escritas resumem-se em um estado sempre atual que eu chamo de 'estou sendo'".[36]

Escrever o vir à palavra na ponta da língua, de onde subitamente estouram gritos de palavras, faz aparecer os caminhos obscuros e emaranhados da relação entre pensar e dizer. "Para quem escreve, uma ideia sem palavras não é uma ideia. Ângela é cheia de pré-palavras e desmaiadas visões auditivas de ideias. Meu trabalho é cortar o seu balbucio e deixar

---

33 Cf. Benedito Nunes. *O drama da linguagem*. São Paulo: Editora, Ática, 1989.
34 *Um sopro de vida*, op. cit., p. 81.
35 *A paixão segundo G. H.*, op. cit., p. 144.
36 *Um sopro de vida*, op. cit., p. 75.

anotado o que ela consegue ao menos gaguejar".[37] Nessa passagem, encontramos o resumo de uma teoria clarice da linguagem que traz o conceito de palavra para a experiência de pré-palavras, de visões auditivas de ideias para o "desmaio" dessas visões, para o instante em que elas se desprendem dos âmbitos cotidianos e teóricos de consciência. E, sobretudo, uma vida na linguagem que devolve a linguagem para a sua origem, que é um balbuciar e não um lugar, uma terra, um sistema de convenções. Não se trata de uma teoria da linguagem e da palavra, mas da linguagem como o balbucio do vir à palavra. Pré-palavras são igualmente antipalavras, pois o vindo à palavra resiste à palavra como a ponta da língua as segura. "As palavras de Ângela são antipalavras: vêm de um abstrato lugar nela onde não se pensa, esse lugar escuro, amorfo e gotejante como uma primitiva caverna."[38] O vir à palavra não vem de um lugar concreto, mas de um lugar "abstrato"; vem do estar vindo, um lugar onde não se pensa, um lugar que é antes do pensamento: o "lugar" do sendo em ato. Escrever [o] sendo em ato é escrever desde às movimentações de linhas e traços múltiplos do vir à palavra, vir ao sentido, da palavra vindo ao sentido e o sentido vindo à palavra. É todo um emaranhado de idas e vindas sem ponto de partida e ponto de chegada. Surpreender toda essa movimentação é um tremendo esforço, pois só é possível ver o movimento se movimentando na síncope de um atraso e um adiantamento milimétrico: "...a enunciação das palavras mentalmente brotando, sem depois eu falar ou escrever — esse meu pensamento de palavras é precedido por

37   Ibidem, p. 124.
38   *Um sopro de vida*, op. cit., p. 37.

uma instantânea visão, sem palavras, do pensamento — palavra que se seguirá, quase imediatamente — diferença espacial de menos de um milímetro".[39] A diferença entre pensar e dizer não é mais concebida pelo que se quer pensar e dizer, mas medida pelas movimentações do vir à voz, à palavra, ao sentido, à linguagem. A medida são os milimétricos por um triz, por um fio, por um quase nada, por pouco, que medem a espera do que está acontecendo, e não do que virá a acontecer. "Eu espero o que está acontecendo. Este é meu único futuro e passado."[40] É da atenção inteira ao estar acontecendo, ao estar sendo, ao estar vindo à – palavra, sentido, linguagem – que faz aparecer como o pensamento está atrás do pensamento e os sentidos pré-sentidos. Pré-palavras são pré-pensamentos. É pela medida do por um triz que se faz a experiência de que só vindo à palavra o pensamento se pré-pensa. O "pré" é o passado imediato do instante, do estar vindo inerente ao estar acontecendo. Quando palavras e pensamentos se estabelecem e se fixam, emudecem e dispensam o seu estar acontecendo. Apagam o estar dizendo, estar escrevendo, estar pensando.

Na escuta e visão do estar acontecendo do dizer e pensar, o que conta não são mais os significados das palavras, que são pensamentos grudados nas palavras, grude que permite que as palavras possam ser usadas e manipuladas, que as torna palavras sempre dos outros mesmo quando ditas por "mim". Nas palavras, está-se continuamente invadido pelos outros, pela linguagem dos outros. Por isso, as palavras estão sempre mentindo, estão sempre ocultando de

---

39 Ibidem, p. 18.
40 Ibidem, p. 141.

onde elas provêm. Por isso também "a incomunicabilidade de si para si mesmo é o grande vórtice do nada. Se eu não acho um modo de falar a mim mesmo a palavra me sufoca a garganta atravessando-se como uma pedra não deglutida".[41] Significada, a palavra é pedra não deglutida, a sua própria sucata, e nenhum livro pode ser escrito, pois o significado esgota o significado, a força da palavra. "Eu queria escrever um livro. Mas onde estão as palavras? esgotaram-se os significados. Como surdos e mudos comunicamo-nos com as mãos. Eu queria que me dessem licença para eu escrever ao som harpejado e agreste a sucata da palavra. E prescindir de ser discursivo. Assim: poluição."[42] É a palavra que polui a palavra, já que, ao grudar um significado ao som, paralisa a movimentação do vir à palavra, ao sentido, à boca que fala, à mão que escreve. Paralisa o sentido. Pois sentido não é o mesmo que significado, e um dos grandes malogros de inúmeras filosofias da linguagem, de variadas correntes, é não apenas não distinguir sentido de significado, mas, sobretudo, de não enfatizar o triplo sentido de sentido: sentir, sentido e direção, um sempre intrincado no outro. Esse grude de som e significado que faz da palavra um sentido imobilizado faz com que as palavras estejam sempre ocultando outras, "as verdadeiras". "Sou um escritor que tem medo da cilada das palavras: as palavras que digo escondem outras — quais? talvez as diga. Escrever é uma pedra lançada no poço fundo."[43] Estourar em palavras é escrever a voz das palavras de tal modo que as palavras são o que se pega.

41 Ibidem, p. 140.
42 Ibidem, p. 14.
43 Ibidem, p. 15.

Pega-se no pé nas palavras e pega-se a palavra como se pega um tom. "E esse objeto se for bem trabalhado e impulsionado canta ligeiro — ligeiro dó-ré-mi... 'Pegando a palavra'. Pego a palavra e faço dela coisa".[44] Pois essa escrita que fala, ou essa fala por escrito, não é expressão de ideias e sentimentos por palavras, mas um pegar com a boca e com as mãos essa coisa volátil que é a palavra. "Palavra também é coisa — coisa volátil que eu pego no ar com a boca quando falo."[45] Como as palavras são o estouro de um vir à palavra, não faz sentido buscar palavras novas. Clarice sempre insiste em que mesmo faltando palavras para dizer o que não sabe como dizer: "recuso-me a inventar novas: as que existem já devem dizer o que se consegue dizer e o que é proibido. E o que é proibido eu adivinho, se houver força".[46] A escrita de Clarice não é neologista como a de Guimarães Rosa, e mesmo Rosa, o grande inventor de palavras, não se considerava de modo algum um neologista, e sim um catador de palavras vivas, um escutador da plurificada forma da língua portuguesa falada no sertão do Cerrado, da vida localizada aqui. Ela diz que "para escrever eu antes me despojo das palavras. Prefiro palavras pobres que restam" e "só chego no liminar da palavra nova".[47] Nesse liminar da palavra nova, toda a linguagem se rediz e refaz em estrondos, raios, relâmpagos, faíscas elétricas, num vocabulário "às vezes wagneriano-polifônico-paranóico".[48] Não são novas palavras, mas palavras pegas no ar,

44 Ibidem, p. 113.
45 Ibidem, p. 104.
46 *Água viva*, op. cit., p. 42.
47 *Um sopro de vida*, p. 43.
48 Ibidem, p. 9.

tomando, na boca que fala e na mão que escreve, o pulsar do seu coração – "em cada palavra pulsa um coração,[49] "toda a minha palavra tem um coração onde circula sangue",[50] como se toma um bem-te-vi trêmulo nas mãos trêmulas. As palavras de Clarice são um "deslumbrador", uma "luminescência" que só raramente reinventam palavras como "deslumbrador" e "luminescência". São fosforescentes porque o que nelas se transmite não é uma história, "mas apenas palavras que vivem do som". "Entende-me: escrevo-te uma onomatopéia, convulsão da linguagem. Transmito-te não uma história mas apenas palavras que vivem do som."[51] As palavras não são para mostrar ou exprimir coisas: as palavras são coisas que soam e coisas são palavras escritas. Em *Um sopro de vida*, quando chega no inventário das coisas, cada coisa é a palavra, cada palavra é coisa volátil que pega no ar, a palavra "brilhante" que parece brilhar, a palavra poço que umedece; a palavra "topázio" que transluz; a palavra "diamante", opaca, apesar de trazer o "dia" dentro de si; "solidariedade" que contém a palavra "só", ou em *Água viva*, a palavra "eternamente", que tem um "t" granítico demais.[52] As palavras são deslumbradoras e luminescentes não apenas porque ouvidas no seu silêncio percussivo e na percussão de sua fala, mas sobretudo porque "Todas as palavras aqui escritas resumem-se em um estado sempre atual que eu chamo de 'estou sendo'".[53]

---

49 *Um sopro de vida*, op. cit., p. 17.

50 Ibidem.

51 "Transmito-te não uma história mas apenas palavras que vivem do som." *Água viva*, op. cit., p. 41.

52 Ibidem, p. 40.

53 *Um sopro de vida*, op. cit., p. 75.

A palavra coisa e das coisas é palavra escrita, e enquanto escrita é o estouro que grita "estou sendo". Escrever o vir à palavra é escrever o grito de estar sendo. Gritar é mais do que clamar. Gritar é clamar para fora, é exclamar. A língua que fala por ter tudo na ponta da língua e não dizer é uma língua exclamativa, e não declarativa. É exclamativa porque fala com tudo por dizer na ponta da língua, trazendo à flor da pele todo o vir à tona, os percursos do escuro ao claro, da caverna ao ar livre, da garganta ao ar. "O quê? Ah. Que o tempo ia, enquanto isso, passando."[54] O *Ah* exclamativo se explicita nessa frase e em tantas outras na obra de Clarice. As exclamações são o grito se surpreendendo, gritando; o estouro se ouvindo estourar e só poder dizer o eco do estrondo e do grito. As exclamações dizem o alívio de dizer enquanto esperam no aperto convulsionado de tudo por dizer e não dizer. "Ah! Para a água. Ah! Disse ele em amor e angústia e ferocidade e piedade e admiração e tristeza, e tudo isso era a sua alegria."[55] A exclamação "Ah!" é grito estourado para a água, som de palavra falando a palavra do som de água, que diz nada, a não ser dizer, a não ser ter que dizer o vir à boca da fala da mão que escreve. E porque não diz nada, a não ser "diz", consegue mostrar no "Ah!", o périplo percussivo passando e juntando amor, e angústia, e ferocidade, e piedade, e admiração, e tristeza, e tudo isso era a sua alegria. Mas "por que então não dizia a palavra? [...] É que tudo estava tão perfeito que ele sobrava. A palavra fica na ponta da língua também porque o ar amplo do seu destino lhe ultrapassa a ponto de, sem palavras, já ser a palavra plena que se

---

54 *A maçã no escuro*, op. cit., p. 4.

55 Ibidem, p. 166.

quer dizer. Mas então "por que não lhe bastaria apenas exclamar? Porque acontecia que ele queria a palavra. Enquanto fosse quem era estaria preso à sua própria respiração, à espera de que ela o unisse a si mesmo, vivendo com essa palavra na ponta da língua, com a compreensão quase por se revelar, essa tensão que termina por se confundir com a vida, que é ela própria, acontece que ele queria a palavra".[56]

Exclamação não só grita *estou sendo*, mas traça esse grito com linha e ponto. Dizem que o ponto de exclamação (!) surgiu na Idade Média, quando copistas medievais acrescentavam a palavra *io* no final de uma frase para exprimir a sua alegria ao lê-la. Com o tempo, passaram a grafar o *i* em cima do *o* até chegar à grafia atual (!). Passou a ser usado como expressão gráfica de uma admiração. Podemos acrescentar de susto, o ponto de um flagrar-se lendo e gostando, escrevendo e, de repente, vendo alguma coisa. É o ponto que grafa a leitura que surpreende o estar grafando.[57] Exclamar é "estar de pé diante de um susto".[58]

Clarice não deixa de olhar o ponto de exclamação se exclamando, o que significa admirando-o e surpreendendo-se

---

56 Ibidem.

57 Matemáticos usam o ponto de exclamação para grafar o que chamam de "números fatoriais", n!, os números calculados pela sua multiplicação por todos os números que o antecederam até chegar ao número 1, excluindo-se o zero que anularia a conta. Sua representação em números sem palavras é n! = n. (n - 1). (n - 2). (n -3)! Também na mais rígida matemática o ponto de exclamação é aquele que recebe como um peito apertado todos os números antecedentes, todo o multifacetado caminho de um vir ao número!

58 *A paixão segundo G. H*, op. cit., p. 67.

com o seu surpreender, e descobre que "Exclamação são brincos pendentes que tremelicam entre cabelos finos".[59] Para compreender esse modo clarice de definir, cabe uma observação sobre o que comumente se discute em termos de metáfora. A teoria da metáfora é ampla e rica. Contudo, está sempre assentada numa ideia de deslocamento do sentido, indicada pela palavra grega *meta-fora*, que significa levar (*fora*) para outro lugar (*meta*), transladar. A metáfora pode ser entendida como uma ampliação de sentido quando o inesperado de um outro lugar de sentido vem à experiência de um sentido. Há muito o que se aprender com Clarice também nessa questão. Mas apenas *en passant* pode-se dizer que, ao ver a exclamação no brinco pendente tremelicando entre cabelos finos, Clarice não vê o ponto de exclamação *como se* fosse um brinco ou vice-versa, mas traz o saber de um brinco tremelicando entre cabelos finos, o seu modo de soar na circunstância de uma matéria, um peso, um ar, um entre fios finos de cabelos, eles mesmos linhas a exclamar, como um ensinamento sobre os sons e vozes de uma exclamação. É que os acontecimentos mais transformadores de uma vida aprendem sobre si tomando lições com outras formas de vida. Por isso, nem diz que exclamação é *como* um brinco pendente, diz que exclamação *são* brincos pendentes, e nem basta dizer que o são. Precisa continuar a dizer: "Brinco feito de quê? feito de tudo o que sabe que faiscar é importantíssimo. Brincos são íssimos. E o brinco de uma única e modesta pérola é a violeta das joias. Mas os brincos de brilhantes brigam e dão gritinhos que me espaventam. Elas se atritam, cruéis. Brinco de prata de lei é gravidade e é garantia de

59 *Um sopro de vida*, op. cit., p. 120.

grande e severa segurança. Brinco de ouro é um 'isto' qualquer, é um istozinho sem maior importância. A menos que seja bola redonda de ouro: então é posse e é atividade".[60] A sua brincadeira de formular uma espécie de ciência dos brincos é uma escuta de como soam as vozes da exclamação com seus Ah! Oh!. E não somente estas. Pois também se exclama dizendo "Aleluia", e como Clarice escreve Aleluia!. E se exclama ainda dizendo "Eis": "Eis a água – e eu não preciso mais bebê-la. Eis o sol – e eu não preciso mais dele. Eis o homem – e eu não o quero".[61] Pois tão logo a palavra retida no acúmulo dilatado e entumecido na ponta da língua estoura num grito de exclamação que admirado e surpreso diz "Eis" – o que está acontecendo está acontecendo – dá-se uma dura separação desse vir à luz, à tona, à boca, à flor da pele. Todo parto dói porque separa. "Todo nascimento supõe um rompimento."[62] Mas com isso se dá o estar sendo pego de surpresa sendo. É também no estopim da exclamação que se toca o sino do "sim" e que se pode dizer "é assim", do modo mais oposto a qualquer fala resignada e derrotada. "Sim" é como começa tudo. "Tudo no mundo começou com um sim."[63] Sim é um "canto aleluia assim como faz o pássaro".[64]

O escrever que escreve [o] vindo à palavra, a exclamação "estou sendo", o sendo está sendo em tudo, escreve – o que aqui significa sente, pensa, escuta, vê, existe – entre as palavras. Mas o que há entre as palavras? Há

60 Ibidem.
61 *A maçã no escuro*, op. cit., p. 198.
62 *Um sopro de vida*, op. cit., p. 140.
63 *A hora da estrela*, op. cit., p. 48.
64 *Água viva*, op. cit., p. 5.

entre-palavras, "entre-frechas"⁶⁵ como "entre duas notas de música há uma nota de música, entre dois fatos existe um fato, [...], existe um sentir que é entre o sentir".⁶⁶ O "entre" é a linha sub-reptícia de um hífen, "linha de mistério e fogo", que é a "respiração do mundo", que liga mantendo, numa tensão, as "pré-palavras" e as reverberações das palavras, todas as antipalavras, no sentido mais temporal de "anti", que é estar d*iante* da palavra, no seu "limiar". É o indo de uma palavra para outra, o que empiristas pobremente querem chamar de associação de ideias por não se darem conta dos traçados dos traços se traçando quando só atentam ao de onde vem e para onde vai uma ideia traçada. Na atenção, porém, aos vai-e-véns, zigue-zagues, de linhas se desenhando, entrecruzando-se e delineando-se, entreabrem-se reinos de minúcias, de vizinhanças e proximidades, descortinando as coisas existindo não junto a e nem mesmo em outras coisas, mas existindo outras coisas, fazendo-as existir pela simples proximidade de seu comparecimento, formas se metamorfoseando em outras vidas da forma, como sons e vozes das palavras levam a outros sons e vozes, descobrindo o estar sendo nas existências. O conceito de "associação de ideia" é simplista demais para apreender o que acontece quando, no que muitos chamariam de "delírio", escuta-se uma voz que diz "você está ouvindo uma voz". Esse delírio é a escrita. Escrever "voz" ouvindo o que se está escrevendo é escrever ouvindo como "você", que está existindo ali nesse momento da escrita, ressoa na voz que repete esse ressoar em você. E essa reverberação tampouco termina, pois "você"

65 *Um sopro de vida*, op. cit., p. 111.
66 *A paixão segundo G. H*, op. cit., p. 74.

soa como "vou se", sim, vou se a próxima frase me chamar e disser vem. Você, vou-se, voz vociferando tudo isso e muito mais, de uma frase levando a outra. No âmbito de interstícios das palavras que os sons e as vozes sabem trazer à tona e colocar à flor da pele, rompe-se com o ocultamento das palavras, com o grude de significados aos sons das palavras, que tornam os ouvidos surdos para a voz das palavras, que é a reverberação do vir à palavra na palavra. As palavras são ciladas porque escondem outras, as "verdadeiras", as palavras sem palavras, as quais são a lavra das palavras. "Uma palavra é a mentira da outra"[67] porque encobre o vir à palavra sem palavras. Se a linguagem é ilusionista, manipulável e manipulativa é porque a sua "veracidade de vida" é a veracidade de estar sendo, sempre escapulindo inescapavelmente de si mesmo. Daí a sanha de agarrar, controlar e esconder essa veracidade. Mas daí também a liberdade dessa veracidade. "Escrever é tal procura de íntima veracidade de vida"[68], busca de receber na ponta da língua o coração que pulsa dentro de cada palavra, o sangue que nela circula. Mas como se escreve através de palavras que ocultam as verdadeiras, as que não podem ser denominadas e mesmo sem saber quais são as "verdadeiras palavras", "eu estou sempre aludindo a elas".

Linguagem não é ilusão; é alusão, uma outra lição clarice. A batalha entre linguagem e realidade que, por vício de desentendimentos, atribuiu à linguagem o estigma da ilusão e à realidade a força de desiludir, parece ter sido duplamente vencida. Por um lado, quando não mais foi possível negar

---

67 *Um sopro de vida*, op. cit., p. 88.
68 Ibidem, p. 17.

a realidade da linguagem: ela existe e é dotada de uma materialidade não obstante imaterial e volátil. Mas, por outro lado, a realidade da linguagem sendo a de encobrir e "mentir", ou seja, de não *ser* a realidade que pretende designar, foi possível encobrir de tal modo a realidade que esta pode se tornar cada vez mais irreal, mais virtual. Vivemos hoje o delírio desse "vencimento" do real e da linguagem. Dizer "coisa" e não poder tocar na coisa dita – esse argumento implicado em cada disputa sobre a discrepância entre realidade e linguagem vê-se abalado quando a coisa, o teor de realidade, não é mais nem o real nem o irreal, mas *o sendo*, um tremendo-tremente nem real e nem irreal, nem palpável e nem impalpável, puro "neutro", "it". Não se trata de linguagem capaz ou incapaz de alcançar e exprimir a realidade, nem dos ocultamentos e mentiras da linguagem. Tampouco se trata da realidade excedida por um real sempre em retração. A linguagem se vê à espreita de si mesma, e todo dizer seguido de um dois-pontos à espera, à espera do dizer chegando à boca, da palavra chegando na ponta da língua. Assim, a linguagem se diz e escreve aludindo a essa sua movimentação. "Enfim conseguira pensar, quando pensara, também não teria sido apenas por incapacidade de pensar uma outra coisa, nós que aludimos tanto como máximo de objetividade. E se sua vida toda não teria sido apenas alusão. Seria essa a nossa máxima concretização: tentar aludir ao que em silêncio sabemos? Tudo isso Martim pensou, e pensou muito."[69] Como se ao escrever [o] sendo em ato não fosse possível separar o antes do depois a partir de um agora; como se está tão imerso no estar sendo, a diferença entre estar

---

69 *A maçã no escuro*, op. cit., p. 173.

sendo e fisgá-lo numa atenção só pode ser aquela da diferença de um milionésimo de segundo ainda menor que um milionésimo. Não é possível separar o vir à palavra de sua palavra na ponta da língua, como se se tratasse de um percurso de evolução culminando num desfecho ou numa síntese. Essa seria a maior das ilusões. O "máximo de objetividade", a "máxima concretização" é estar sendo, o máximo de todos os máximos, do que em silêncio sabemos e ao que se está sempre "aludindo". O sendo é muito mais do que se consegue dizer em cada coisa que se diz estar sendo. "Não tem importância porque se, com essa frase eu pelo menos cheguei a sugerir que a coisa é muito mais do que consegui dizer, então na verdade eu fiz muito: eu aludi! E então Martim ficou contente como um artista: a palavra 'aquilo' continha em si tudo o que ele não conseguira dizer."[70] Nos cursos de Retórica, "alusão" é definida como um modo de dizer que faz pensar em outra coisa. Alusão está classificada, nas teorias clássicas, em quatro tipos: a alusão histórica, que evoca vestígios históricos; a alusão mitológica, fundada em algum ponto de uma fábula; a alusão nominal, que repousa num nome; e a alusão verbal, que consiste numa única palavra com sentido equívoco. Muitas vezes, toma-se a alusão como jogo de palavras, e as alusões gostam de provocar risos. Se houver uma teoria clarice de alusão, ela é diversa porque, mais uma vez, ela não está nada interessada em saber de onde se vem e para onde se vai, nem nas origens, nem nas destinações dos movimentos, apenas no movimentar-se dos movimentos, nos desenhos, e não nos contornos. Assim, a alusão diz um gesto, o gesto de apontar para

---

70   Ibidem, p. 177.

o que já está sempre nos apontando para o existir. "Apontando montanhas suavizadas pela impossibilidade de serem tocadas ... Martim teve certeza de que este era o gesto que ele procurava: tanto as distâncias parecem precisar de alguém que as determine como um gesto. Assim o homem escolheu concluir que este é o gesto humano com que se alude: apontar."[71] A "teoria" – palavra que, se fizer algum sentido em Clarice, é sempre naquele de pensar-sentir – clarice da alusão também se distancia das discussões sobre a alusão em Kafka como a técnica do "como se".[72] Não é como se fosse sendo. Isso não seria nem mesmo impossível ou delirante, mas mera combinação de palavras vazias de qualquer sentido. Sendo não pode ser como se fosse. Talvez seja isso o que distingue um pensar-sentir [o] sendo de toda teoria sobre o real excedendo a realidade. O que importa aqui é o "impulso de querer dar nome", o ímpeto de dizer, que guarda a fala na ponta da língua como a vida se guarda à flor da pele. Dizer, escrever, pensar-sentir [o] sendo, esse "instante de vento" é fazer alusão ao desconhecido mais conhecido, escrevendo com as palavras na ponta da língua e não lembrá-las, mantendo-se nos dois-pontos à espera do grito de seu silêncio. "É como saber manter-se sozinho no meio de uma multidão. É como distinguir a própria voz que quase se confundiria com o coro uníssono de muitas vozes: sentir o canto na garganta e ouvir-se. Tenho-tenho-que me ouvir: é que eu não me disse ainda certas coisas que são misteriosas e sagradas, mas com gosto de sangue na boca."[73]

71   Ibidem, p. 118.
72   R. Marthe, *Kafka,* Paris: Gallimard, 1960.
73   *Um sopro de vida,* op. cit., p. 146.

TU ME EXISTES E
OS SERES EXISTEM
OS OUTROS

"Tremo de medo e adoração pelo que existe." O que existe dá medo, mas também deslumbra, convulsiona e paralisa. Mas o que faz tremer – de medo e adoração – não é tanto o que existe, e sim o fato de existir; o fato que a existência existe. Em toda obra de Clarice, deparamo-nos com o espanto diante do fato nu e cru do existir da existência. O que existe emerge à luz desse fato, que não se cansa de mostrar a fragilidade do artigo definido – o – e suas tentativas de fixar esse fato numa forma ou expressão. É muito sutil a diferença entre escrever, dizer, pensar, sentir "o que existe" e "que existe". A sutileza com que se grafa ou não o círculo pequeno, quase que um pingo dilatado, da letra o marca uma diferença abissal entre pensar-sentir *o que* existe e *que* o que existe existe. Talvez haja uma lei misteriosa que, ao querer tanto dizer que a existência existe e não conseguir, acabe tendo de escrever [o] que existe. É um querer tanto dizer que deixa as palavras à beira de serem ditas, na ponta da língua, e o próprio viver tão nervoso, tão "à beira de". "Viver me deixa tão nervosa, tão à beira de."[1] É querer tanto dizer sem conseguir a ponto de ter de escrever tanto querer dizer que não consegue dizer, que se descobre como o "que" pronunciado em "*que* a existência existe" é a raiz inconfessada do verbo *querer*. Que a existência existe é um brilho que explode, um *éclat*, como Clarice até prefere dizer em francês[2], ou traduzindo por explosão, mas em parêntese, "(explosão)".[3] E irradia-se em

---

1 *Um sopro de vida*, op. cit., p.138.

2 "Como quem explode. Éclate é melhor: j'éclate." *Água viva*, op. cit., p. 42.

3 Explosão em parêntese que traduz *éclat* aparece diversas vezes em *A hora da estrela*, op. cit., p. 77-79.

tudo o que existe. À luz explosiva desse fato, que é, a melhor dizer, puro ato em ato, tudo o que existe aparece como estar sendo. É [o] estar sendo que assim aparece e se dá a ver. Como podemos ler em *Uma aprendizagem ou O livro dos prazeres*: "Eu estou sendo, dizia a árvore do jardim. Eu estou sendo, disse o garçom que se aproximou. Eu estou sendo, disse a água verde da piscina. Eu estou sendo, disse o mar azul do Mediterrâneo. Eu estou sendo, disse o mar verde e traiçoeiro. Eu estou sendo, disse a aranha e imobilizou a presa com o seu veneno. Eu estou sendo, disse uma criança que escorregara nos ladrilhos do chão e gritara assustada: mamãe! Eu estou sendo, disse a mãe que tinha um filho que escorregava nos ladrilhos que circundavam a piscina".[4]

Que visão é essa a visão d[o]' estar sendo? A dificuldade tremenda de dizer, quando se quer tanto dizer e só poder dizer por escrito esse querer tanto e não conseguir, é igualmente a dificuldade vertiginosa de ver [o] sendo. É a vertigem de só ser possível ver [o] *sendo* sendo, colocando esse artigo definido em parênteses, quase como uma apóstrofe. É a dificuldade de ver o que está perto demais, na verdade, tão perto que ver já é ser visto. Ver [o] sendo é um ver fora da condição básica de visibilidade, que é uma certa distância. Sem dúvida, também não é possível ver longe demais. O que os olhos não veem, o coração não sente, diz o provérbio. Só por um longe, um distanciamento crítico ou não, é possível ver o que pode ser visto como sendo "alguma" coisa, isso ou aquilo, ele ou aquela, x ou y. Para se ver "o que existe", é preciso tomar distância. Visão é um "pátos da distância", uma paixão pela distância, lembrando uma expressão

4   *Uma aprendizagem ou O livro dos prazeres*, op. cit., p. 38.

nietzscheana. Não é de surpreender que a teoria platônica das ideias seja uma teoria da visão, ainda mais quando se lembra que a palavra grega *ideia* diz visão, e mais particularmente visão além do que se vê à primeira vista, visão das essências. A cultura ocular que nos domina é uma cultura da distância, que atravessa de tal modo as mais variadas dimensões da vida, do amor [platônico] à guerra [digital] das estrelas, que ao longo dos séculos foi prefixando inúmeros "verbos" da vida humana: tele-visão, tele-grafia, tele-fonia, tele-patia, dentre outros, culminando em nosso televiver e até mesmo telemorrer. À distância é que hoje se vive e morre. Só pelo passo atrás de um distanciamento pode-se ver "o que" existe. Já ver *que* existência existe só é possível vendo perto demais; vendo cegamente, tal qual como se ama cegamente. É ver tocando a pele da noite e a noite da pele do existir, que é a pele da proximidade vertiginosa de um no outro. É ver sendo visto pelo estar vendo, uma visibilidade tão outra como aquela que se experimenta ao olhar tão perto o outro olho que é como se estivesse a olhar dentro do olho. "O que vi, vi de tão perto que não sei o que vi. Como se meu olho curioso se tivesse colado ao buraco da fechadura e em choque deparasse do outro lado colado em olhando. Eu vi dentro de um olho. O que era incompreensível como um olho. Um olho aberto com sua gelatina imóvel. Com suas lágrimas orgânicas."[5] O ver cegamente dessa visão tão de perto que "não sei o que vi" é visão que escuta, visão "orecular", evocando um verso do manifesto antropofágico que contrapõe tão bem um princípio orecular ao ocular do

---

5   "Os desastres de Sofia", in *Todos os contos*, op. cit., p. 273.

colonizador.⁶ *Ver* cegamente, ver perto demais é, portanto, também ou*vir*. Clarice escreve algumas vezes "meditação visual", pois essa visão de muito perto fecha os olhos, como se faz para ouvir mais atentamente. Ver de tão perto assim é também um ver apertado, no aperto do coração que faz parar as palavras na ponta da língua e colocar a vida à flor da pele. É ver a vida boca-a-boca, corpo-a-corpo, vida-a-vida.

Nesse ver tão perto e apertado onde tudo o que existe aparece não como sendo isso ou aquilo, mas como o ato de estar sendo, ver é ser visto. Ver [o] é ser visto pelo estar sendo, ser visto pela matéria viva do fato bruto de existir. Ver sendo visto pelo sendo é tão abalador que nem mais se sabe se o que está em questão é mesmo ver. "A barata com a matéria branca me olhava. Não sei se ela me via, não sei o que uma barata vê. Mas ela e eu nos olhávamos, e também não sei o que uma mulher vê. Mas se seus olhos não me viam, a existência dela me existia – no mundo primário onde eu entrara, os seres existem os outros como modo de se verem. E nesse mundo que eu estava conhecendo, há vários modos que significam ver: um olhar o outro sem vê-lo, um possuir o outro, um comer o outro, um apenas estar num canto e o outro estar ali também: tudo isso também significa ver. A barata não me via diretamente, ela estava comigo. A barata não me via com os olhos mas com o corpo."⁷ Não se sabe mais se o que se passa é mesmo ver quando ao escrever [o] sendo se vê [o] sendo tudo o que existe. Não se sabe mais porque

---

6   Permito-me referir ao meu artigo "Literatura, filosofia e utopia: o espaço da antropofagia", in *O que nos faz pensar 38,* Rio de Janeiro: PUC, 2016, p. 25-35.

7   *A paixão segundo G. H.* op. cit., p. 76.

a menor distância entre ver o que se vê – essa que permite identificar a existência de alguma coisa – se apaga. Não que não mais se veja nada, mas que ver [o] sendo é deixar de ver a existência como outra coisa, que toca ou não quem a vê, porque esse "outro", o "existente" que nada mais é do que [o] sendo, não é nem outro nem eu mesmo. Ver [o] sendo – o único existente propriamente dito – é a experiência estremecedora do existir me existir: "A existência dela [da barata, do it, do neutro, da água viva do estar sendo] me existia". Escrever [o] sendo em ato, é para Clarice, a experiência do "existir me existir". A "revolução" dos sentidos de existência por esse escrever pode ser resumida, de maneira mais formal, como a descoberta do sentido transitivo de existir e de ser, quando nessa visão cega não se veem mais coisas existentes e nem sequer sentidos e ideias de existência. O que se vê quando se está nos apertos do perto é a existência me, te, nos, vos, lhes existir. Dá-se uma convulsão gramatical, uma explosão sintática quando o verbo existir quebra o seu sentido intransitivo para ser usado pronominalmente, reflexivamente, transitivamente. O verbo existir que, como nascer e morrer, basta-se a si mesmo, não precisando de nenhum complemento para indicar a sua ação, descobre a sua transitividade, descortina como age. Pois existir não é um fato, e sim um ato – ou melhor, é o único fato precisamente por ser ato em ato, portanto uma ação e como toda ação repercussiva, reverberante, atuante em tudo. Existir não existe simplesmente. Ser não é meramente. Existir *existe*, ser *é*. E não apenas o existir existe e ser é, mas esse "presente" é também em ato e, por isso, sendo. A forma inusitada do verbo existir como verbo transitivo não é uma decisão formal nascida de um projeto literário ou de um manifesto estético de vanguarda. É uma precisão incontornável quando tudo o que existe aparece à luz claro-obscura do estar sendo. Clarice observa que não é por questões formais ligadas à sintaxe em si que esses usos inusitados estouram nas suas frases: "não, não de sintaxe pela sintaxe em si, mas de sintaxe o mais possível se aproximando e me aproximando do que estou pensando na hora de escrever. Aliás, pensando melhor nunca *escolhi* linguagem. O que fiz, apenas, foi ir me obedecendo".[8] Escrever rente ao sendo produz, como voo rente ao chão, faíscas e centelhas de visões inauditas e inesperadas, que convulsionam o que se está vendo porque mostram que se está vendo. Clarice é a grande pensadora do gerúndio de ser e existir. "Sendo" é um gerúndio muito particular usado em algumas línguas latinas. No português que falamos no Brasil, o seu uso é bem mais forte e rotineiro do que em Portugal ou na Espanha. A palavra "sendo" nos toca de uma maneira especial, e não é por acaso que Lygia Pape pinta SENDO, e não ser, em uma de suas telas neoconcretistas. O francês para dizer "sendo" precisa pegar um "trem", pois diz *"en train d'être"*, no trem de ser, quase um mineiro.[9] O uso inesperado da forma transitiva de um verbo intransitivo como existir – quando se escreve "a existência dela me existia" – que explicita o sendo em ato, cria uma nova sintaxe numa língua como a nossa que, para Clarice, é "uma língua que ainda borbulha; que precisa mais do presente do que mesmo de uma tradição; língua que, para ser trabalhada, exige que

---

8 *Crônicas para jovens de escrita e vida*, op. cit., p. 73.

9 Paul Valéry tem bonitas reflexões sobre a forma gramatical para dizer o gerúndio, o *en train de*, literalmente em trem de, cf. P. Valéry, *A arte de pensar*, op. cit, p. 217.

o escritor se trabalhe a si próprio como pessoa".[10] Assim, escrever "a existência dela me existe" é retrabalhar a existência toda desde esse encontro com a barata do estar sendo. E "cada sintaxe nova é, então, reflexo indireto de novos relacionamentos, de um maior aprofundamento em nós mesmos, de uma consciência mais nítida do mundo e do nosso mundo".[11]

A existência [da barata do sendo] me existe. Dentre as várias estranhezas causadas pelo uso transitivo do verbo existir, percebe-se aquela de eliminar a preposição "em". Clarice não escreve, como eu vinha escrevendo, ela – a barata do sendo – a sua existência existe *em* mim, *em* cada existência. Ela escreve *a existência dela me existe*. Se dissesse a sua existência existe *em* mim, estaria admitindo, por um lado, a exterioridade entre a existência [dela que significa também a existência da existência] e a minha existência e, por outro, que existências fora de mim podem existir em mim como uma imaginação ou então como uma memória, uma expectativa, um desejo, ou seja, como uma certa imagem. A preposição "em", que já Aristóteles havia sublinhado em sua *Física* como a essência mesmo da noção de espaço e existência – existência é para uma longa linha de filósofos o que tem lugar no espaço, o que é extenso.[12] Dizer que a existência existe em mim ou dentro do que existe, que ser é em tudo o que existe, é admitir uma fantasmagórica diferença entre existência e o que existe, entre ser e estar sendo, uma

---

10 "A literatura de vanguarda no Brasil", in *Outros escritos*, op. cit., p. 106.

11 Ibidem.

12 Aristóteles, *Physics*, tradução de David Ross, Oxford: Oxford University Press, 1936, 210 a15.

essência dentro da existência. E mesmo quando filosofias existencialistas tentaram reverter essa cena fantasmagórica de essências penadas dentro da existência e propuseram como Sartre que a existência é a essência de ser, mantém-se a mesma ideia de um interior ocupado por um ser e uma existência exterior, ideia que provoca os desejos de união mística e de devir existencial. Dizer, porém, como Clarice, a existência dela me existe é alterar essa topologia da existência e de ser. Só que não para propor a indiferença de uma unidade indistinta e de uma identificação fusional. São os sentidos mesmo de "mim" e "dela", de "eu" e "outro" que se alteram visceralmente. Pois o que aí se capta é apenas o é de cada coisa, o é sendo cada coisa. Não se capta um eu, um tu, um nós, um vós, mas o estar sendo eu, tu, cada, o é de cada coisa. A existência me existe escreve um clímax, e não uma fusão, uma mistura, uma unidade, por mais momentâneas que fossem. "O que escrevo é só um clímax? Meus dias são só um clímax: vivo à beira."[13] Escreve um clímax que não é o ponto mais elevado, o máximo de onde só se pode cair, mas um à beira, o modo iminente e súbito de estar sendo o instante-já. Aí mostra-se como dizer "eu", longe de uma pretensão orgulhosa e arrogante de apropriar-se do instante-já sendo, é a "humildade de me personalizar me apequenando"[14] num "eu sou", quando "sou o és-tu".[15] "E se digo eu é porque não ouso dizer "tu", ou "nós" ou "uma pessoa". Sou obrigada à humildade de me personalizar me apequenando mas sou o

---

13 *Água viva*, op. cit., p. 29.
14 Ibidem, p. 30.
15 Ibidem.

és-tu".[16] O "eu" tão egoísta, seja o eu da razão em busca de transcender todo psiquismo, seja dos psiquismos subjacentes às razões, se põe a nu nesse aperto do sendo se flagrando vida-a-vida, como apequenamento do sendo, que se descobre como és-tu me existindo. Rimbaud, um poeta que não temeu tocar a pele da noite do estar sendo, escreveu numa carta famosa a frase tão recitada: "eu é um outro", inaugurando também uma nova sintaxe, uma nova conjugação do verbo ser.[17] No seu eco já se propuseram versões mais comunitárias que dizem "eu é os outros". Essas frases, mantras modernos, não deixam de ecoar a conjuração moderna de Descartes, que afirmou: "eu penso, logo existo"; não faltaram existencialistas propondo a sua inversão ao dizer: "eu existo, logo penso". Clarice deixou soar outros sons enarmônicos dessas frases. Ela escreve por exemplo: "Não vou mais ser: 'Eu me exprimo, logo sou'. Será: 'Eu sou, logo eu sou'".[18] Essa reescrita salta por cima do "logo", que em português diz tanto a pressa como a consequência de uma relação de causa e efeito. Pois eu sou não pode ser nem apressado nem adiado; eu sou está sendo, por isso já é o que foi e o que será. É o presente sendo presente. Assim, pode também escrever "existo, logo sei."[19] "Eu sou, eu existo" é com efeito o primeiro enunciado do famoso cogito cartesiano nas célebres meditações de Descartes, e o "eu penso, logo existo" só aparece poucas vezes e depois deste nos seus escritos.

16 Ibidem.
17 Rimbaud, carta a Georges Izambard de 13 de maio de 1871, in *Correspondência*, Trad. Ivo Barroso, Rio de Janeiro: Topbooks, 2009.
18 *Crônica para jovens de escrita e vida*, op. cit., p. 113.
19 "Ovo e a galinha" in *Todos os contos*, op. cit., p. 304.

Na escrita de Clarice, ele se diz no gerúndio, estou sendo, estou existindo. São fórmulas e pronomes não de uma subjetividade biográfica ou ficcional, mas de uma intensidade existencial, a experiência de atingir "uma impersonalidade dentro de si: ele fora tão profundamente ele mesmo, que se tornara o 'ele-mesmo' de qualquer outra pessoa, assim como a vaca é a vaca de todas as vacas. Mas se junto do fogo ele se tinha feito, neste instante ele se usava: agora acabara de atingir a impersonalidade com que um homem, caindo, um outro se levanta. A impessoalidade de morrer enquanto outros nascem. O altruísmo dos outros existirem. Nós, que vos somos".[20] "Existo, logo sei" diz que, na surpresa súbita de estar sendo, essa que se dá no clímax à beira de existir, alcança-se uma impersonalidade dentro de si. Alcançar o estar sendo, o "é" das coisas, o *it*, a água viva, a matéria-viva, a barata de que a existência existe, é conseguir ser "ele/ela/si-mesmo", por um milímetro de segundo [quem poderia ser si-mesmo por mais tempo?]. Ser si-mesmo não significa aqui ser com vistas a se transformar num "si-mesmo próprio e autêntico", mas porque, sem qualquer intenção ou finalidade, nesse instante de alcance se torna o "ele-mesmo" de qualquer outra pessoa. É *it*. Nessa experiência de impersonalização de si, que acontece "junto de uma fogueira", o "outro", essa palavra tão temida e cobiçada, não é mais um si-mesmo diante de outro si-mesmo chamado "eu" ou qualquer outro eu. A existência dela [a barata do sendo] me existe e eu te existo. Sim, é possível que "só no ato do amor – pela límpida abstração de estrela do que se sente – capta-se a incógnita do instante que é duramente cristalina e vibrante no

20 *A maçã no escuro*, op. cit., p. 310.

ar e a vida é esse instante incontável, maior que o acontecimento em si", recitando mais uma vez essa passagem central de *Água viva*, porque nesse ato em ato, que é o amor, o instante de impessoal joia refulge no ar.[21] O sentimentalismo e psicologismo que envolve tantas discussões e falas *sobre* o amor fazem dele experiência de personalização e pessoalização do "eu" e do "outro" e todos os seus outrxs. Mas o escrever de Clarice traz outra experiência, o amor como experiência [do] sendo em ato onde se surpreende [o] sendo em ato e assim a mais funda impersonalidade somente pela qual acontece tornar-se o "ele-mesmo" de qualquer pessoa. Por isso, o raro topázio do amor inteiro é a experiência de um amor tão grande que ama tudo. É que amor e cosmo são amantes, e no amor "nervo e universo se engolfam".[22] Esta última passagem de Clarice reforça a anterior que diz "sou és-tu". Mas dá também o brilho próprio desse "tu" – que é para quem ela escreve – que não é um "tu" como algo exterior ou "outro" para ser temido ou buscado, que provoca desejos de apropriação, posse e domesticação. Dá o és tu, tu és, numa força que tampouco poderia ser dito com um "sou tu". "Eu não sou Tu, mas mim és tu. Só por isso jamais poderei Te sentir direito: porque és mim".[23] O "mim", pronome oblíquo, que traz embutidas setas de endereçamentos, "para mim", "de mim" e assim o vindo de ti para mim és tu. Teu vir para mim és tu e essa vinda sou eu. É impressionante como nessa passagem de *A paixão segundo G.H.*, "sou" está escrito sem se

---

21 *Água viva*, op. cit., p. 27.
22 Afonso Henriques Guimaraens Neto, "Espaço amoroso", *Arte e palavra*, II, FCC, 1987.
23 *A paixão segundo G. H.*, op. cit., p. 131.

escrever; está escrito no fulgor do seu silêncio, transparecendo nas "asas mesmas do negror [que] eu as uso e as suo, e as usava e suava para mim – que és Tu, tu, fulgor do silêncio".[24] É que *uso* e *suo* são ambos anagramas de *sou*, os quais como diz a palavra, só podem dizer por escrito esses sentidos, em todos os sentidos de sentido. É uma experiência de ver e pensar cegamente – como se ama cegamente – *que* tu és e com tamanha entrega do estar sendo para o sendo que nessa "leva" – e enlevo – o ele-mesmo da outra pessoa é entregue a ele mesmo. Nada para si, nem mesmo não ser. "Mim és tu", "és mim" trazem à flor da pele o enigma de *que* tu és. Esse *que*, sem um "o" que das determinações, dos porquês, das razões, das funções, das intenções, das dos gêneros, das essências, das identidades, *quer*. É um que "Que me deixara ver. Pois. Ele sabia que não saberia ver o que visse: a explicação de um enigma é a repetição do enigma. O que És? E a reposta é: És. O que existes? E a reposta é: o que existes. Eu tinha a capacidade da pergunta, mas não a de ouvir a resposta".[25] Mais uma quebra verbal-sintático-gramatical ao escrever, já antecipando o espanto e a pergunta que de hábito lhe costuma seguir: "o que existes?". O que existe precisa ser re-conjugado nessa gramática transitiva e pronominal dos verbos existir e ser, transitivos e pronominais, pois à luz da vida-a-vida não há o que existe, e sim o que existes. É o sendo que toca o sino do sim, que diz sim, é assim. Na língua destemida de Clarice o sino do "sim", "é assim", ressoa tão longe que chega a dizer amém, aleluia.

---

24 Ibidem, p. 131.

25 Ibidem.

À luz do sendo, um outro sentido de outro se descortina. Diferentemente das interpretações que consideram que o uso transitivo dos verbos intransitivos ser e existir é uma "transgressão" da linguagem que visa exprimir como o "outro" é o eu desdobrado que se espelha no olhar do outro, 'o outro que eu mesmo sou',[26] o outro se mostra aqui bem outro até de si mesmo, pois o que olha não é nem eu nem o outro e ainda menos a supervisão de uma totalidade ou unidade transcendente, como o olho de um deus. "O mundo se me olha. Tudo olha para tudo, tudo vive o outro; neste deserto as coisas sabem as coisas."[27] Tudo vive o outro – o outro não é o que se vê, aquilo diante do que se está ou não está, frente ao qual se experimenta temor e tremor. Tudo vive o outro diz que o "outro" é tudo viver, não um lugar onde tudo vive, onde tudo está sendo. Por isso, o que existe só pode ser o que existes, conjugado como um tu, um você, pronomes da sonoridade do tudo vive. "Eu não passo de uma vírgula na vida. Eu que sou dois pontos. Tu, és a minha exclamação. Eu te respiro-me".[28] Sim, porque à luz do estar sendo, tudo vive. Tudo é. Não isso ou aquilo, como temos repetido aqui exaustivamente, mas o é de cada isso, de cada aquilo. "Só existindo, e todo", escreve também Claricc, no conto "A repartição de pães",[29] marcando enfaticamente com a vírgula e o conectivo que só o gerúndio de existir, só existindo, dá-se o todo. E continua: "Assim como existe um campo. Assim como as montanhas. Assim como homens e mulheres, e não nós, os ávidos.

26   B. Nunes, *O drama da linguagem*, op. cit., p. 73-74.
27   *A paixão segundo G. H.*, op. cit., p. 50.
28   *Um sopro de vida*, op. cit., p. 37.
29   "A repartição dos pães" in *Todos os contos*, op. cit., p. 282.

Assim como um sábado. Assim como apenas existe. Existe".³⁰ "Assim como" se enuncia como um sim que continua dizendo sim, deixando sua função habitualmente comparativa, que indica que alguma coisa é assim como outro, obrigando cada coisa a deixar a ser seu "cada", a sua singularidade, para se reduzir a um termo de comparação abstrato. Nessa passagem, bem ao contrário, "assim como" diz é sim, montanhas estão sendo, um campo está sendo, um sábado está sendo, existe, e o existe existe. E é à luz do só existindo que cada coisa emerge clara como só existindo. E o todo é esse só existindo. Por isso, o coração desse conto e do escrever de Clarice é não querer formar a vida porque a existência já existe. "E não quero formar a vida porque a existência já existe."³¹ Sob essa luz, a luz claro-escura madrepérola do sendo, o que se vê é "que tudo era um prolongamento suave de tudo, o que existia unia-se ao que existia, as curvas se faziam repletas, harmoniosas, o vento comia as areias, batia inútil contra as pedras".³² E assim, nesse sim onde o que existia se une ao que existia, os seres existem os outros. Mais uma vez, existem não para os outros, mas existem os outros, pois o que assim transparece é como isso existes isso existes isso existes..., transitivamente, diretamente.

Ao escrever [o] sendo em ato, *o* sendo relampeja, pois não é nada, somente *que* tudo é, que tudo vive, que a existência me existe e que os seres existem os outros. Talvez nenhum texto de Clarice tenha escrito tão claro-escuramente [o] sendo como "O ovo e a galinha", esse conto que

30 Ibidem.
31 Ibidem.
32 *A maçã no escuro*, op. cit., p. 144.

ninguém pode entender, nem Clarice. A dificuldade de escrever [o] sendo que obriga, mas também impede o uso do artigo definido "o" está tão perto da impossibilidade de estar vendo um ovo. "Olho o ovo com um só olhar. Imediatamente percebo que não se pode estar vendo um ovo."[33] "O", artigo definido; "o", vogal reverberando em *ovo*; "o", círculo pequeno, ponto dilatado, no *oco* da reverberação, vazio que é ao mesmo tempo dentro e fora – nenhuma coisa pode ser tão [o] sendo como o ovo e a galinha. O ovo, que é a possibilidade de todas as possibilidades, tão possível que poderia ser chamado de "ex-possível", como Pedro, filho de Clarice, certa vez definiu a palavra,[34] é a impossibilidade do sendo manter-se no presente e de sair do presente; é a impossibilidade de ver e sentir, por ser "supervisível" e "supersensível"; a impossibilidade de chamar alguma coisa de alguma coisa sem destruir o é da coisa e o é de quem chama; a impossibilidade de dizer o sendo, pois, tal qual a galinha, esse dizer não sabe que existe o ovo, existe conjugado como verbo transitivo direto. O que essa impossibilidade do ovo dá quando tocada é que o que realmente importa, é o que não sei do sendo, pois o que não sei é que me dá [o] sendo propriamente dito.

É que não há pensamento, "não há; há o ovo".[35] Não há nem mesmo o haver, o a se ver, mas apenas que se está sendo, que se é. "Mas a palavra mais importante tem uma única letra: é. É."[36] Escrever sendo em ato, como só no ato do

33 "O ovo e a galinha", in *Todos os contos*, op. cit., p. 303.
34 *Outros escritos*, op. cit., p. 136.
35 "O ovo e a galinha", in *Todos os contos*, op. cit., p. 303.
36 *Água viva*, op. cit., p. 41.

amor – é escrever em tudo que escreve "é. É". A humildade de Clarice, a sua clara poética escritora, poética de impersonalização para se alcançar o é sendo em cada coisa, que insiste como o "'eu' é apenas uma das palavras que se desenham enquanto se atende ao telefone, mera tentativa de buscar forma mais adequada",[37] que não se cansa de confirmar que "para quem viu o ovo" – o sendo – "ter apenas a própria vida é um sacrifício", e que "há um trabalho, digamos cósmico, a ser feito, e os casos individuais infelizmente não podem ser levados em consideração"[38], talvez possa ser descrita como a humildade de um escrever que conjuga o "é" como um novo verbo. Parece que todo seu escrever – a sua "filosofia" – deixa o infinitivo de ser, que de certo modo está sempre adiando ser para conjugar "é" como um verbo solto, reflexivo, pronominal. "Atrás do pensamento 'é-se', como escreve em *Água viva*, e enfatiza: "Nesse terreno do é-se sou puro êxtase cristalino. É-se. Sou-me. Tu te és".[39] Ou como já escrevia n'*A paixão*: "A vida se me é e eu não entendo o que digo". Talvez seja lícito, num gesto provisório, sobrecarregar o seu escrever sendo em ato, escrever tão raro, e dizer que Clarice escreve conjugando o verbo é-ar.

"No âmago onde estou, no âmago do É, não faço perguntas. Porque quando é – é."[40] E o que dizer do desejo de transformação? Será a filosofia de Clarice uma filosofia da aceitação e da resignação? Um livro da desistência, palavra que forma uma espécie de *leit-motiv* ao final d'*A paixão segundo*

37   "O ovo e a galinha", in *Todos os contos*, op. cit., p. 308.
38   Ibidem, p. 310.
39   *Água viva*, op. cit., p. 42.
40   Ibidem.

G. H. "Pois existe a trajetória, e a trajetória não é apenas um modo de ir. A trajetória somos nós mesmos. Em matéria de viver, nunca se pode chegar antes. A via-crucis não é um descaminho, é a passagem única, não se chega senão através dela e com ela. A insistência é o nosso esforço, a desistência é o prêmio. A este só se chega quando se experimentou o poder de construir, e, apesar do gosto de poder, prefere-se a desistência. A desistência tem que ser uma escolha. Desistir é a escolha mais sagrada de uma vida. Desistir é o verdadeiro instante humano. E só esta é a glória própria da minha condição. A desistência é uma revelação."[41] De certo, pode-se ler a obra de Clarice como uma literatura existencialista, mesmo que mais surrealista, em que o sim incondicional ao "É", que faz do existir um verbo transitivo direto, reinscreve a finitude e o limite num mundo cada vez mais contaminado pelo vírus do "mau infinito", do infinito da produção e da capitalização sem fim de tudo e de todos. A "desistência" pode ser lida e entendida como uma aceitação da morte na vida, que mal se distinguiria de uma resignação perante o não poder mudar a totalidade do mundo ou mesmo o mundo da totalidade. Mas talvez desistir enquanto o "verdadeiro instante humano" seja um verbo para ser lido diferentemente, em voz alta, de viva voz, já que Clarice fala por escrito, pois assim pode-se ouvir o que ele sussurra ao pé do ouvido. Sussurra 'des-existe', um deixe o sentido de existência como o que existe e escuta que a existência existe. Um mínimo deslocamento que desnorteia os sentidos de existência e deixa entrever o que acontece quando se toca o impossível.

---

41 *A paixão segundo G. H.* op. cit., p. 176.

"O que verdadeiramente somos é aquilo que o impossível cria em nós. E quem sabe, a sua seria a história de uma impossibilidade tocada. Do modo como podia ser tocada: quando dedos sentem no silêncio do pulso a veia". Talvez no sussurro de uma desistência assim entendida seja possível ligar-se ao presente do sendo, que hoje se vê inteiramente soterrado pelo mundo *on-line*, e ouvir entre uma respiração ofegante e outra: re-existir. Pois tu me re-existes.

SEM CONCLUSÃO

Sonhei uma vez que havia uma realidade: foi ao me debruçar no enigma mudo do real sonhado que existe no topázio.[1]

---

1   *Um sopro de vida*, op. cit., p. 75.

A filosofia de Clarice não é, a meu ver, feita de pensamentos e ideias expressas literariamente ou a filosofia de sua literatura. Tampouco é um acerco de novas palavras conceituais. Se há uma marca conceitual na sua "filosofia" é precisamente ser um pensamento que não inventa conceitos, mas se libera dos conceitos para se deixar conceber pelo real sendo. Num livro que publiquei recentemente, escrito originalmente em inglês com o título *Time in Exile: In Conversation with Heidegger, Blanchot and Clarice Lispector*,[2] cheguei a fazer uma tentativa de situar o pensamento da vida do tempo em Clarice numa conversa com os pensamentos de Martin Heidegger e Maurice Blanchot. Atentei a questões comuns a esses três autores, dentre outras, o neutro, o presente, a relação entre filosofia e literatura e, sobretudo, como a visão do gerúndio do tempo e da existência em Clarice faz aparecer, em Heidegger e Blanchot, esboços de um pensamento sobre o presente em ato que, no entanto, só ela conseguiu pensar e escrever. Tentei rastrear como Clarice escreve no gerúndio o exílio do tempo e a experiência do tempo no exílio da existência. O que no livro que agora entrego ao leitor brasileiro ainda chamei de "filosofia" tem um sentido bem diverso. Diz respeito a como escrever é pensar o próprio ato de pensar. Em questão está, portanto, mais a poética – o ato e sua ação de pensar – do que os pensamentos. Como a escrita deste livro experimentou todo tempo a dificuldade de escrever para Clarice e não sobre Clarice, é possível que vários leitores digam: se é isso, então é melhor ficar com Clarice e reler suas obras. Afinal, tudo que se tenta falar sobre Clarice estará melhor dito e escrito nos seus livros. Sem dúvida. Mas uma leitura é também, e de

2 "Time in Exile", In *Conversation with Heidegger, Blanchot and Clarice Lispector*, Nova York: Suny, 2020.

maneira muito enigmática, uma escrita. A tentativa deste livro foi escrever a leitura da escrita pensamento de Clarice; a leitura da sua escrita "atrás do pensamento". É um livro surpreendido por como Clarice é a escrita desta ação tão obscura da vida na existência humana que é o pensar, esse verbo em ato, quando se dá conta de como hoje estamos cada vez mais distantes da proximidade inexorável, mas sempre escapando de estar sendo; o toque da vida se vivendo em cada um de nós e entre nós. De todos os abalos do mundo hoje, o mais fundo, e talvez por isso menos perceptível, é o abalo da relação do presente como o estar sendo, a liga do presente ao presente em ato, o inescapável sempre escapando de seu mistério. Bem mais do que recaídas em nostalgias tirânicas ou em repetições de utopias autoritárias, é o "presenteísmo" de um mundo continuamente *on-line*, ligado, que desliga o presente do presente. Este livro pretende contribuir para explicitar os meandros de se estar sendo e fazer aparecer a urgência de reinventar modos de ater-se aos seus ritmos e pulsações. É um livro em busca de aprender, com Clarice, como pensar é escuta do "atrás do pensamento", da "criadora inconsciência do mundo". Pode ser que este livro caia em mãos acolhedoras dessa urgência. Essa seria a minha sorte. Mas isso não se pode prever ou controlar, assim como não é possível saber de antemão em que praia aportam garrafas lançadas no mar durante um naufrágio.

    Este livro foi escrito sob o grande abalo da pandemia. Embora as linhas seguidas nele já tivessem sido delineadas há alguns anos em que tenho meditado sobre a "filosofia" de Clarice, ele foi escrito arrastado por uma forte correnteza. Os capítulos foram seguindo uns aos outros, sem muito planejamento, embora seguindo uma coerência interna, ao menos para mim, bem clara. Quando me dei conta de que seus capítulos seguiam na ordem, *escrever-te, atrás do pensamento, a criadora inconsciência do mundo, fala na ponta da língua, tu me existes e os seres existem os outros*, percebi não apenas como os títulos, que são todos extraídos de Clarice, formavam uma única frase ou um pequeno poema, mas também que as iniciais de seus temas nucleares, Escrever, Pensar, Mundo, Linguagem, Existir – E P M L E - lidas em voz alta, *epemele* – deixavam ressoar uma antiga palavra grega que, nessa língua morta, seria talvez a mais precisa para resumir o que ensaiei nesse livro, a palavra *epimeleia*. Esta palavra é comumente traduzida por cuidado e foi usada por Sócrates na expressão cuidado de si (*epimeleia heautou*), fórmula repetida infinitas vezes ao longo da história da filosofia, e mais recentemente retomada também por Michel Foucault. É um termo muito curioso, pois vem de *mello*, que significa estar a ponto de, em vias de, expressão de uma iminência e que, por isso, era usada para dizer o futuro. Seu sentido fundamental é a proximidade do futuro, o estar por um triz de, à beira de, um termo que traz à palavra a insegurança e o não saber inerentes ao efêmero e ao vago por acontecer, o aproximar-se do próprio aproximar. À beira do colapso do mundo ou da volta de mundos, nada corresponde mais de perto ao que se ensaiou nesse pequeno livro para Clarice: ficar perto do sendo da vida, por um triz dela, com ele na ponta da língua, e aprender a "fazer uso do próprio desamparo como uma bússola", o que uma vez recebeu o nome e a vida escritora de Clarice.

    A minha gratidão à Vera Besouchet Pinheiro, pois sem o seu apoio este livro não teria conseguido se erguer do seu abalo.

Rio de Janeiro, agosto de 2020

OBRAS DE CLARICE LISPECTOR

ROMANCE

Perto do coração selvagem (1942)
O lustre (1946)
A cidade sitiada (1949)
A maçã no escuro (1961)
A paixão segundo G. H (1964)
Uma aprendizagem ou o Livro dos prazeres (1969)
Água Viva (1973)
A hora da estrela (1977)
Um sopro de vida (1978)

CONTOS

Laços de família (1960)
A legião estrangeira (1964)
Felicidade clandestina (1971)
A imitação da rosa (1973)
Via crucis do corpo (1974)
Onde estivestes de noite? (1974)
O ovo e a galinha (1977)

CRÔNICAS

Visão do esplendor (1975)
Para não esquecer (1978)

LITERATURA INFANTIL

O mistério do coelho pensante (1967)
A mulher que matou os peixes (1968)
A vida íntima de Laura (1974)

Este livro foi editado na cidade de São Sebastião do
Rio de Janeiro e impresso com as fontes Fraunces
e LFT Etica Mono, em papel Pólen bold 90g/m²,
em novembro de 2022, na gráfica Rotaplan.